D1747699

Bern und seine Landschaft

Bern und seine Landschaft

Aufnahmen von Edmond van Hoorick

Berns Karte · *Gonzague de Reynold*
Berner Geist · *Otto von Greyerz*
Bern: Geschichte und Gegenwart · *Sergius Golowin*
Bern und seine Landschaften · *Hansruedi Egli*

Verlag Huber Frauenfeld/Stuttgart

Der Text von Gonzague de Reynold «Berns Karte» stammt aus «Vom Geist und Wesen Berns», Francke Verlag, Bern; derjenige von Otto von Greyerz «Berner Geist» aus «Berner Geist, Zürcher Geist, Basler Geist», Orell Füssli Verlag, Zürich.

Alle Rechte vorbehalten
Gestaltung: Clemens Harling
Photolithos: John & Co. AG, St. Gallen
Satz und Druck: Druckerei Am Fischmarkt, Konstanz
Einband: Buchbinderei Burkhardt AG, Zürich
© 1983 Verlag Huber Frauenfeld
ISBN 3-7193-0902-9

Berns Karte

Seit meiner Kindheit habe ich eine Vorliebe für Landkarten. So will ich denn, während ich schreibe, auf die Schulkarte der Republik und des Kantons Bern schauen. Was mir auffällt, ist die Menge der Distrikte und Präfekturen: Kleine Provinzen in Lila, Grün, Weinrot, Blau, Hellgelb, zwischen dicken roten, ausgefahrenen Grenzlinien. Auffallend ist auch die Länge dieses Gebietes, das sich von Südosten nach Nordwesten neigt, wie ein Schiff vor dem Wind, und das in der Mitte, zwischen Freiburg, Neuenburg und Solothurn aussieht wie zusammengepreßt.
Unter meinen Augen wird die Landkarte der Schweiz groß und weit wie die Welt. Denn was wirkliche Weite schafft, sind die geistigen Räume, Unterschiede der Rassen und Menschen, landschaftliche Kontraste und eine unerschöpfliche Vergangenheit. Auf dieser Karte erscheint der Kanton Bern so groß wie ein Kaiserreich.
Der Sockel, auf den sich dieses mächtige Land stützt, sind die Alpen des Berner Oberlandes. Ihr Rückgrat ist die Aare. Der Jura gibt ihr zwei kräftige Schultern, und auf seiner anderen Seite setzt ihr das Elsgau eine Zipfelmütze mit drei Enden auf.
Ich weiß nicht, warum ich bei dieser Karte an jene Landsknechte denken muß, wie Niklaus Deutsch sie gezeichnet hat: Gespreizte Beine, breite Hüften, die Brust in ein eisernes Panzerhemd gepreßt; in einer Hand das Banner und in der andern das Schwert; dazu ein durchlöcherter Hut, der das Gesicht beschattet. Und doch, ich weiß wohl warum.
Die Präfekturen, die Provinzen schaffen diesem Landsknechte, diesem Feldherrn ein bunt zusammengewürfeltes Gewand. Jedes Stück ist eine Eroberung. «Conquestes du Roy» heißt es auf alten Stichen, die die bewimpelten Festungen am Rhein oder in Flandern darstellen. Hier sind es Berns Eroberungen. Die Stadt steht im Mittelpunkt des ganzen Gebietes

wie eine Spinne: Wenn sie ihre langen, dünnen Beine eingezogen hat, ist sie nur eine kleine graue Kugel; aber sie verstand es, sich auszustrecken, vom Genfer See bis zum Rhein, vom Oberland bis zur Franche-Comté. Geduldig wob sie ihr Netz, bis es 1798 zerrissen wurde.
Doch wir wollen bei der Karte bleiben. Man kann darauf verschiedene Gebiete und Zonen unterscheiden. Zuerst die Alpenzone, das Oberland: Gletscher, die man mit einer Festungsmauer vergleichen könnte, auf der dicke weiße Türme aufgepflanzt stehen, geschützt durch Wälle und Bollwerke, die, stufenweise abfallend, auf zwei Wassergräben zumünden – den Thuner und den Brienzer See. Und dann die Zone der Voralpen und Hügel, die sich nach Norden hin ausbreitet, durchschnitten von der Saane, dem mittleren Lauf der Aare und den beiden Emmen. Dann die schmale Zone einer sumpfigen Hochebene, wo flache Strecken mit kleinen Hügeln abwechseln und wo man in der feuchten Luft die Nähe eines verbreiterten Flußbeckens und dreier weiterer Seen riecht. Schließlich die Jurazone (heute ein selbständiger Kanton), das blaue Gattertor, die Schranke, welche gegen Frankreich und den Rhein hin aufgerichtet wurde. Und endlich, ganz dort oben, verloren, beinahe losgelöst, das Elsgau, ein Dreieck Erde, das sich zwischen das Elsaß und die Franche-Comté schiebt.
So ist die Hauptstadt und das Bernerland gut geschützt durch zwei Grenzen, zwei Bergmassive: das Oberland und den Jura. Sie beschirmen es, trennen es auch ab und machen es einsam. Dazwischen fließt die Aare: Sie kommt vom Oberland, sie durchquert die Voralpen und die Hügel, sie folgt dem Fuße des Jura, und immer mehr Flüsse strömen ihr zu. Kurz nachdem sie Bern verlassen hat, scheint sie zu zögern und sich der Romandie zuwenden zu wollen. Doch plötzlich kehrt sie sich um und hat die Richtung des Rheins genommen. Dieser Fluß hat nie recht gewußt, was er wollte.

Das Land

Dieses Land hat etwas Trauriges und zugleich Stolzes. Im Spätherbst und im Winter, wenn der Nebel so dicht über Bern liegt. daß die Alpen dahinter verschwinden, ist es dort düster und trüb. Nie kommt mir das bernische Land so eng und begrenzt vor wie gerade in diesen Tagen. Man sieht die Alpen nicht mehr, oder wenn man ein Stückchen davon erblickt, so ist es ein in Wolken gehüllter Stein- und Schneehaufen. Nur der Jura ist sichtbar, und der scheint da zu sein, um den Blick aufzuhalten, um ihn auf dieses braune Stück Erde zu lenken, auf die schwarzen Wälder und

dunkelblau getönten Hügel, auf die schmutzigen Flüsse und feuchten, grauen Sandsteinmauern. Diese Landschaft ist unbeweglich und verschlossen, wie ein Gesicht, hinter dessen Ausdruckslosigkeit sich keine Gedanken bergen. Sei froh, wenn der Schnee fällt und freue dich an seinem Glitzern, seinem Weiß, das morgens rötlich schimmert und abends bläulich erblaßt, ehe er schmilzt und zu grauem Schmutz wird.
Der Schnee macht Land und Stadt noch germanischer. Er betont, was an ihnen gotisch ist. Schnee paßt so wenig zu den Rokokoformen und den Louis XVI.-Brunnen! Dagegen ist er recht lustig, wenn er dem «Kindlifresser» das aufgerissene Maul verstopft, wenn er dem Bannerherrn einen weißen Federbusch aufstülpt oder der Justitia Zucker auf ihre Waage streut. Wie leicht und weiß schmiegt er sich an die kleinen Statuen, die Dachtraufen und Spitzbogen, die er ganz überdeckt und unkenntlich macht! Wenn der Schnee auf die Stadt herunterfällt, drückt er schwer auf das Dach des Parlaments, gibt ihm ein noch trostloseres Aussehen; aber das Münster, das Münster macht er heiter und leicht.
Draußen sieht unter dem Schnee jedes Dorf aus, als sei Weihnachten. Diese Frische, die nach Tannen duftet! Man möchte in allen Häusern aller Dörfer wohnen, am liebsten aber im kleinen «Stöckli» des einsam gelegenen Bauernhofes, der sich dort an den Wald lehnt. Das Stöckli steht ganz fest auf seinem Sandsteinsockel; die Türe führt wohl in einen Keller, in dem Platz ist für ein Fäßchen Wein, einen Käse, zwölf Flaschen und ein paar ausgebreitete Äpfel. Es sieht ganz neu aus, das alte Stöckli; man hat es frisch getüncht und mit glänzendem Anstrich versehen. Gegen den Schnee wirkt der Gips gelblich-rosa wie die Farbe einer Eierschale. Das Stöckli hat nur ein Stockwerk; hinter den Fensterscheiben gehäkelte Vorhänge, im einzigen niederen Raum ein paar alte Nußbaummöbel, ein roter Plüschsessel mit Goldnägeln und Herzöhrchen und eingerahmte Photographien. Zu gern würde ich dort wohnen, als alter Bauer im braunen Rock mit Zipfelmütze – ein alter Bauer, wie Anker sie gemalt hat, der nichts mehr zu tun hat als umherzustapfen, den Stock in der Hand, und stehen zu bleiben, um sich die gichtgeschwollenen Knie zu reiben.
Dieses Land kennt kaum den Reiz des Frühlings: Gegen Ende Februar fangen die Schneeglöckchen an zu blühen und die ersten Gänseblümchen, die noch keine Stiele haben.
Der Schnee schmilzt und tropft plätschernd von den Dächern herab auf die Straße; Bäche und Bächlein bilden und sammeln sich überall; dazu die wärmere Sonne, die den Schatten um so kälter macht; die ersten Spaziergänge in den kahlen, winterlichen Wäldern; der blauweiße Morgenhimmel, der sich nachmittags grau überzieht und am Abend golden wird und rot –

und die Amseln, die nun zu singen beginnen, von früh bis spät, mit kleinen, heiseren, ungeübten Kehlen.

Dann kehrt plötzlich der Winter zurück: Wie ein Rudel Wölfe, die vom Norden hereinbrechen, springt er über die Flüsse, die Hügel und die Berge. Alles wird wieder düster und trüb, trüber noch als zuvor, denn man hatte ja schon auf den Frühling gehofft!

Da kommt über dich Sehnsucht und will dich erdrücken. Man erinnert sich, daß hinter der starren Alpenkette eine mildere Welt liegt: Italien, Frankreich. Und es kommt über dich das starke Verlangen nach Sonne. Man horcht auf vorüberrollende Züge, auf deren Schildern es heißt: Paris oder Nizza; Mailand; Genua. Man fühlt sich um so weiter von alldem entfernt, als man geographisch nah dabei ist. Das ist die bernische Härte, die Starrheit dieses Landes, das keinen Frühling kennt, in dem ein Winter fast den andern ablöst. Dennoch: Edle Stadt, glückliche Vergangenheit, reiches Land! Etwas nur fehlt fast immer, und das macht deinen Anblick so rauh: Das Lächeln.

Der Sommer kommt plötzlich, unerwartet, und sein Einzug gleicht einer siegreichen Armee. – Vierzehn Tage war es kalt. Auf einmal aber, gegen Abend, klärt sich der Himmel im Westen auf; am nächsten Tag scheint die Sonne. Es gibt keine Übergänge. Ein plötzlicher Umschwung von griesgrämig verschlossener Traurigkeit in laute, triumphierende Freude.

Auch in der sommerlichen Landschaft – keine Abstufung, keine Tönung. Heftige, satte Ölfarben, dick und glatt aufgetragen, eine neben der andern: giftgrün, emailleblau, goldgelb. Dazwischen, wie Tintenflecke, das dichte dunkle Laubwerk der Wälder, und hie und da, wie ein schriller Pfiff, der leuchtend rote Fleck eines neuen Ziegeldaches. Einige Bilder von Amiet geben genau diese Landschaft wieder.

Dann aber klärt sich die Landschaft; sie beginnt sich zu ordnen, sich abzustufen und rangmäßig zu gliedern, wie ein hierarchisch aufgebauter Staat, wie eine zur Schlacht bereite Armee. Sie schart sich um einen Mittelpunkt: die Bundeshauptstadt. An heißen, wolkenlosen Tagen, so gegen Ende August, Anfang September, ist Bern unvergleichlich schön. Dann ist es, als zöge von allen Seiten die Landschaft in die Stadt ein, um ihr Gehorsam zu entbieten und um sie zu schmücken. Durch alle Türen, auf allen Wegen tritt sie ein. Das Land ringsum zieht zur Stadt, auf großen Alleen, mit Ulmen, deren Kronen man nicht köpft, deren Äste breit sind und ausladend. Auf Alleen, die gewachsen scheinen, um das Volk herbeizuführen, aus den Dörfern, aus den Flecken. Das Land zieht zur Stadt, durch die großen Wälder, deren schwarze Tannen sich bis zu den ersten Häusern mit den hellen Wänden vordrängen, und dann anhalten und

schweigen. Das Land ringsum, es zieht zur Stadt; mit dem Lauf der Aare tritt es ein – der Aare, deren Ufer steil sind und mit Bäumen bewachsen, die sich stufenweise dem Bord entlangziehen. Keine Vororte, keine ungewissen Gelände. Vier Schritte, und wir sind draußen; draußen, bei den Feldern und Wiesen; wir sind im Wald, dessen breite Wege uns stundenlang der Einsamkeit zuführen. Von allen Seiten ist der Blick frei: Zwischen den Bäumen sieht man die ersten Dörfer; dann die ersten Hügel, an denen die kleinen neuen Villen emporklettern wie Sonntagsschulen; die blauen Voralpen, deren Felsen noch kahl sind, und dann endlich das Oberland mit seinen Firnen, den unendlichen, den glitzernden Gletschern.
So ist Bern, im Sommer und von der Höhe aus betrachtet, ganz eingeschlossen und wie durchzogen und überflutet von Grün: Die Häuser gleichen schönen, reifen Früchten, die man sorgfältig in einen großen, mit Moos und Blättern gefüllten Korb gelegt hat.
Nichts ist so wundervoll, als von der Kornhausbrücke aus einen Blick hinunterzuwerfen auf all das Grün. Ganz dort unten, ganz im Hintergrund die Aare, die die Stadt umschlingt; langsam und zögernd. Grünliche Lichter spielen in ihr; aber im Schatten wirkt sie schwarz. Man sieht auf dem Grund Kiesel schimmern. So tief unten fließt der Fluß, daß die Stadt darüber wie schwebend im Äther hängt. Und dann sprudelt das Grün hervor wie ein Wasserfall – ich wüßte kein besseres Bild – sprudelt hervor, aus der alten Stadt, dem linken Ufer, und vom rechten, von den neuen Stadtteilen; es sprudelt hervor und ergießt sich in die Aare, Baum um Baum, und es ist wie ein Aufwallen und Brausen von Laub und Blättern. Die Abendsonne verfärbt all das Grün, vergoldet Buchen, Kastanien, Ahorn, vergoldet Birken, Weiden und Tannen. Dann bricht sie ihre Strahlen und wirft sie in den Fluß, wirft sie ihm zu, und der Fluß fließt so majestätisch, so langsam und sanft einher wie der Abendwind, wenn er in den Blättern raschelt; und manchmal spült er auch einen dürren Ast oder ein abgefallenes Blatt mit sich fort.
Man hebt den Blick zur Höhe, dorthin, wo die Stadt liegt, die alte Stadt, die von der Halbinsel gehalten und getragen wird wie von einer breit geöffneten Hand. Es ist, als bringe diese alte, ehrwürdige Stadt ein Opfer dar; ihre Häuser mit den Gitterfenstern, ihr Rathaus mit den gotischen Bogen, ihre Türme mit den Wetterfahnen, und das graue Münster – als bringe sie dies alles den Bergen zum Opfer; den Schneebergen, die in den Himmel ragen und dort herrschen wie Priester – Könige, in purpurne Wolken gehüllt, goldgekrönt.
Dann bricht die Nacht herein. Mag sie kommen!

Gonzague de Reynold

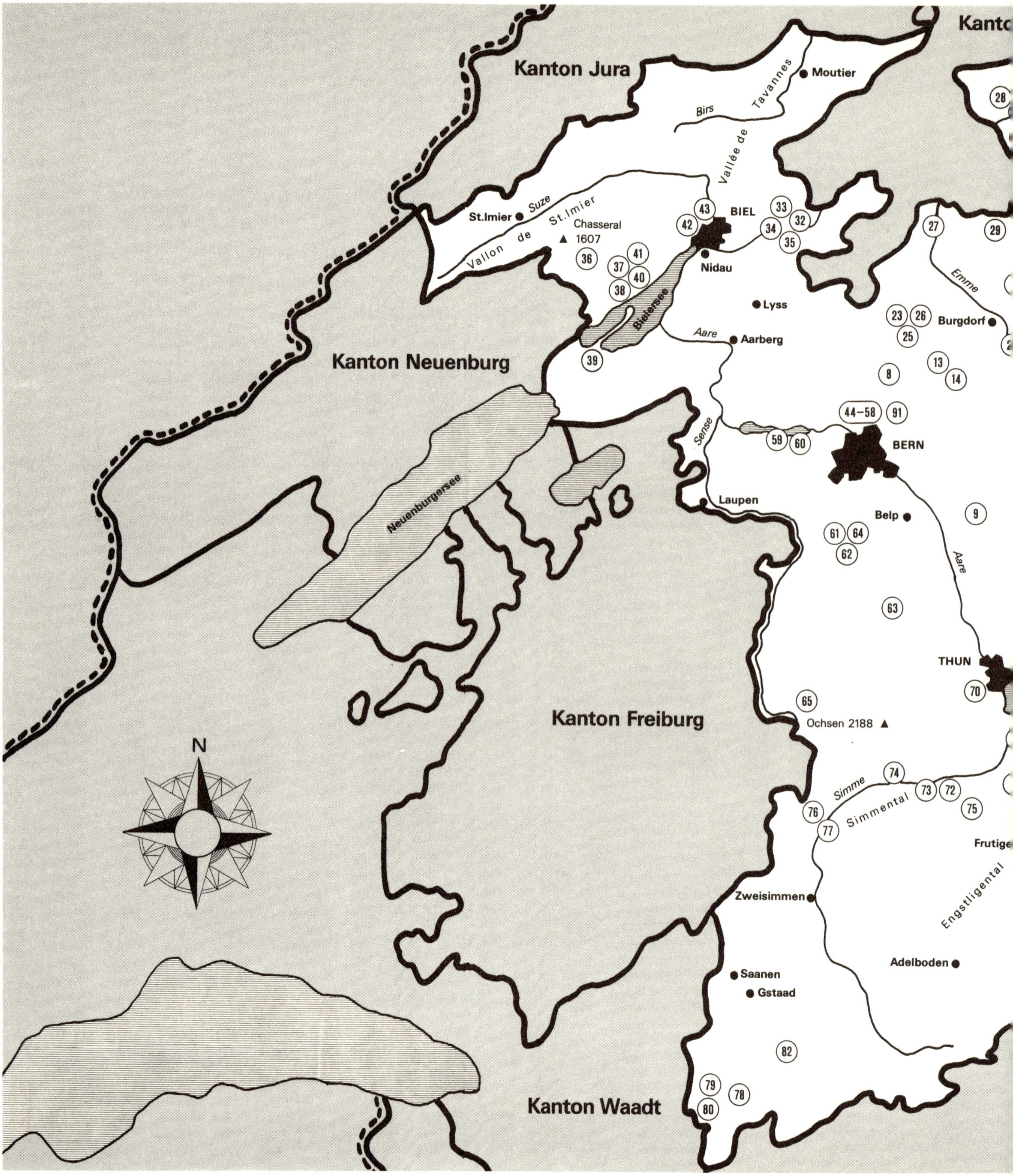

Die Zahlen beziehen sich auf die Numerierung der Bilder

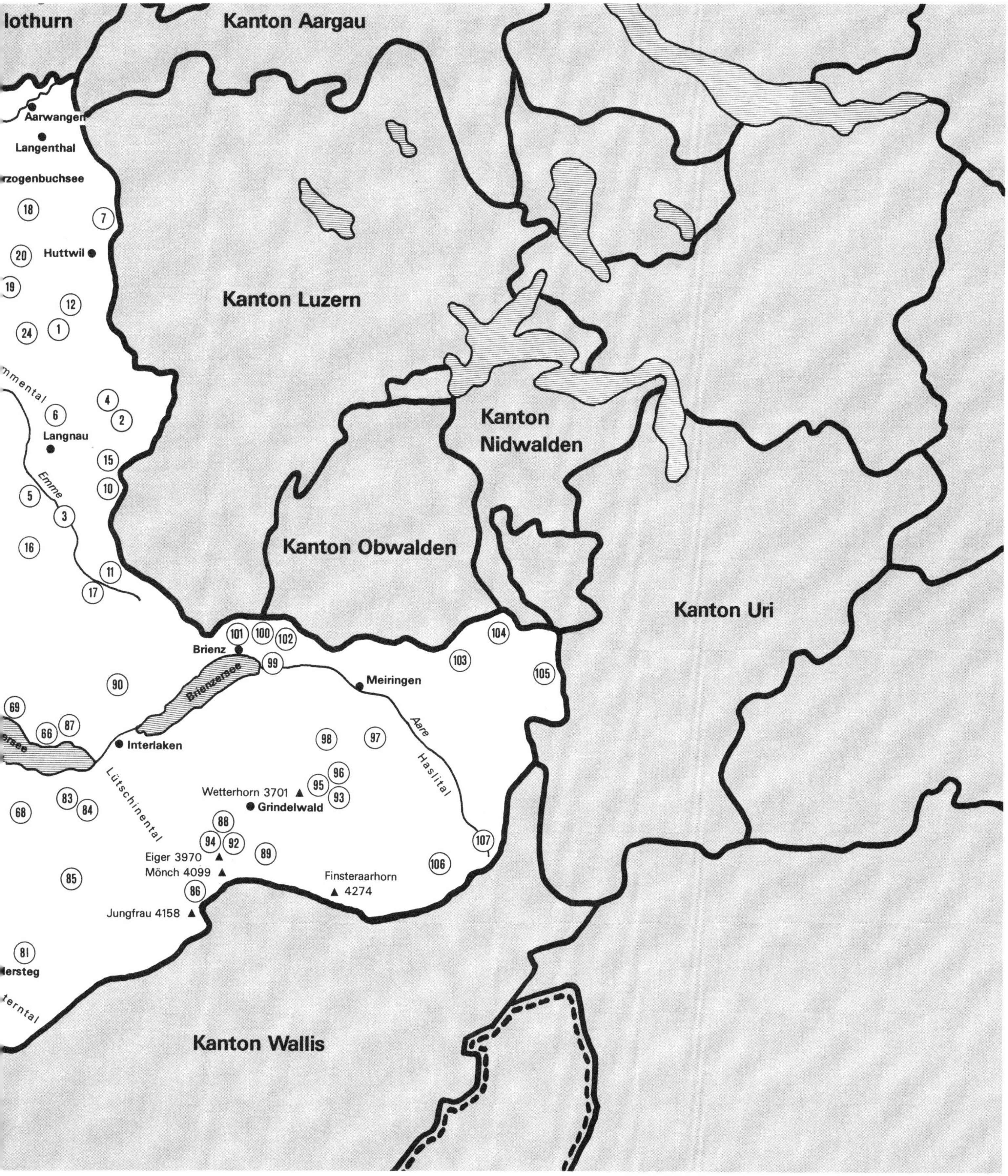

lothurn
Kanton Aargau
Aarwangen
Langenthal
rzogenbuchsee
18
7
20
Huttwil
19
12
1
24
Kanton Luzern
mmental
4
6
2
Langnau
15
Emme
10
5
3
16
11
17
Kanton Nidwalden
Kanton Obwalden
Kanton Uri
101
100
102
104
Brienz
99
103
105
Brienzersee
Meiringen
90
69
87
66
ersee
Interlaken
98
97
Aare
Haslital
Lütschinental
96
95
93
Wetterhorn 3701
Grindelwald
68
83
84
88
94
92
89
107
Eiger 3970
Mönch 4099
106
85
86
Finsteraarhorn
4274
Jungfrau 4158
81
lersteg
terntal
Kanton Wallis

66
Thunerseelandschaft mit Niesen

67
Schloß Spiez,
eine der bedeutendsten
bernischen, hochmittelalterlichen
Burganlagen

68
Herbststimmung über dem
Thunersee

69
Gewitterstimmung über dem
Thunersee

70
Parkanlage bei Thun mit Blick
auf Mönch

71
Schloß Wimmis. Von Bern mehrfach belagert und heute Amtssitz
des Bezirks Niedersimmental

72
Egelsee im Simmental

73
Alp hinter Schwarzmoos,
Simmental

74
Därstetten im Simmental.
Bauernhaus firstparallel erbaut
mit Seitenlaube

75
Kirchenuhr an der ursprünglich
St. Nikolaus und Katharina geweihten Kirche von Diemtigen

76/77
Kleinviehprämierung in Boltigen,
Simmental

78
Spitzhorn und Schafhorn bei
Gsteig

79
Linders Vorschess (Maiensäß) im
Tschärzistal

80
Arnensee

81
Oeschinensee mit Rothorn,
Blümlisalphorn und
Oeschinenhorn

82
Dungelschuß bei Lauenen

83/84
Auf der Suld-Alp im Suldtal

85
Alp Hübeln mit Blick auf
Blümlisalp und Wilde Frau

86
Abendstimmung am Jungfrau-Massiv

87
Eiger, Mönch und Jungfrau
von Beatenberg aus gesehen

88
Bergweg auf der Großen
Scheidegg mit Blick
auf den Eiger

89
Chloster-Seeli
mit Eiger und Mönch

90
Heuet auf der Alp Habkern

91
Schwinget in Bolligen

92
Auf der Großen Scheidegg

93
Chälberboden-Seeli mit Wellhorn

94
Spycherboden: Scheidegg mit
Blick auf das Gwächtenhorn,
Ankebälli und Mattenberg

95
Hornseeli mit Eigerwand

96
Wellhorn und Wetterhorn

97
Engelhörner

98
Schwand im Reichbachtal
mit Blick auf Wellhorn
und Wetterhorn

99
Sonnenuntergang am Brienzersee

100
Alpenpanorama vom
Brienzer Rothorn aus gesehen:
Dossen, Hangendgletscherhorn,
Wetterhorn, Lauteraarhorn,
Schreckhorn, Fiescherhörner

101
Abendstimmung
am Brienzer Rothorn

102
Brienzer Rothorn-Bähnchen

103
Blick vom Oberboden ins Gental
auf den Hangendgletscher, den
Dossen und die Engelhörner

104
Abendstimmung am Engstlensee

105
Wysse-Bach-Wasserfall
am Susten

106
Oberaarsee mit Blick auf
Oberaargletscher

107
Auf dem Grimselpaß

108
Jodler am Schwingfest in Bolligen

1
Alte Kuhglocke in der «Hornbacher Pinte», Wasen i. E.

2
Blick auf Trub und die charakteristischen Einzelhöfe der Gemeinde

3
Heustadel im Weierboden, Eggiwil

4
Einzelhof bei Trub, charakteristisch für die Holzbaukunst dieser Gegend

5
Bauernhof Lingummen bei Langnau i. E.

6
Stöckli mit Gadenlaube und Ründe aus dem 18. Jahrhundert, Goolgraben bei Langnau i. E.

7
Trachtenmädchen beim Volkstanz, Gondiswil

8
Frauen-Schwinget, Moosseedorf

9
Ernte bei Ballenbühl, Gysenstein

10
Einzelhof «Gerbe» bei Kröschenbrunnen mit verputztem Riegstock

11
Handpflug im Einsatz an steilem Hang bei Schangnau

12
Heinzen auf einer Wiese bei Wasen i. E.

13
Winterlandschaft

14
Blick auf das Bauerndorf Arni

15
Hausfassade eines Einzelhofes in Trub

16
Hausfassade mit blumengeschmückten Lauben, Röthenbach i. E.

17
Hausfassade eines Hofes der Einzelhofgemeinde Eggiwil mit Bühnislaube unter einem Satteldach

18
Hausfassade mit verputztem Riegstock in Leimiswil

19
Landschaft mit Einzelhöfen, ob Moos bei Affoltern i. E.

20
Rapsfeld bei Oeschenbach

21
Dorfteil von Rüegsau

22
Bauerngarten eines mächtigen Hofes in Breitslohn bei Wynigen

23
Bauernhaus am Rand des Dorfes Jegenstorf

24
Hornusser in Sumiswald

25
Wohnhaus mit Scheune aus dem frühen 19. Jahrhundert des Schlosses Jegenstorf

26
Schloß Jegenstorf, ursprünglich ein Wasserschloß. Blick auf Eingangsfront mit Freitreppe

27
Schloß Landshut bei Utzenstorf-Bätterkinden. Letztes intaktes Wasserschloß des Kt. Bern

28
Uhr an einer Hausfassade des frohburgischen Städtchens Wiedlisbach

29
Sonnenuntergang bei Höchstetten

30
Gedeckte Holzbrücke in Wangen an der Aare, erbaut vom bernischen Holzmeister Bendicht Junker

31
Sonnenaufgang über Wangen an der Aare

32
Häuserzeile mit Brunnen im bernischen Landstädtchen Büren an der Aare

33
Haus in Büren an der Aare mit Zwillings- und Drillingsfenstern und Aufzugsgiebel

34
Uhr über Hauseingang, Büren an der Aare

35
Gedeckte Holzbrücke, Büren an der Aare. 1798 abgebrannt, neuerrichtet 1821

36
Abendstimmung am Chasseral

37
Sonnenaufgang bei Prêles

38
Brunnen am Bärenplatz im Rebbauerndorf Ligerz

39
Erlach. Bernisches Landstädtchen am oberen Ende des Bielersees. Blick auf die Altstadt mit Schloß

40
Kirche von Ligerz. Spätgotische, ehemalige Wallfahrtskirche Hl. Kreuz

41
Ligerz. Reihenhäuser mit schmalen Fassaden und zum Teil spätgotischen Viererfenstern

42
Biel. Hauptort des bernischen Seelandes. Eckhaus mit Erker am Ring – Obergasse. Gegenüber ehemaliges Zunfthaus zum Pfauen

43
Obergässli in der Bieler Altstadt mit schmiedeisernen Aushängeschildern und Aufzugsgiebeln

44
Bern. Blick auf die Aareinsel mit Münster

45
Bern. Fassade des Holländerturms am Waisenhausplatz

46
Bern. Blick vom Nydeggquartier mit Nydeggkirche, gegen das Berner Münster

47
Bern. Vennerbrunnen mit geharnischtem Berner Bannerträger

48
Bern. Simonbrunnen. Biblischer Held in römischem Harnisch

49
Bern. Kindlifresserbrunnen. Originellste Brunnenfigur der Stadt Bern

50
Bern. Gerechtigkeitsbrunnen. Justitia zu Füßen die weltlichen Mächte: Papst, Sultan, Kaiser und Schultheiß von Bern

51
Bern. Anna-Seiler-Brunnen. Gründerin des Inselspitals oder Allegorie der Mäßigkeit

52
Bern. Zähringerbrunnen. Bär im Turnierschmuck mit Zähringerwappen

53
Bern. Pfeiferbrunnen mit Puttenfries

54
Bern. Bärenfries am Kindlifresserbrunnen

55/56
Berner «Zibelemärit»

57
Sonnenuntergang über der Berner Innenstadt

58
Abendstimmung über der Berner Altstadt

59
Frauenkappelen. Kirche mit Nachbargebäuden, renoviert 1921 und 1973/74

60
Pfarrhaus in Frauenkappelen, erbaut 1640

61
Landschaft bei Borisried/Oberbalm

62
Gruppenhöfe beim Oberbalm

63
Blick von Riggisberg gegen die Alpenkette des Berner Oberlandes. In der Mitte Eiger, Mönch und Jungfrau. Links Chorturm der spätromanischen Dorfkirche

64
Weg bei Oberbalm

65
Muscherenschlund bei Ottenleue Bad

Klappen Sie dieses Blatt aus dem Buch, bevor Sie den Bildteil betrachten.
Die Kurzlegenden vermitteln Ihnen erste Erläuterungen zu den Bildern.

Niene geit's so schön
u lustig wie daheim
im Aemmital
Geniesse das Leben beständig
wir sind länger tot als lebendig
Weihnachten 1979
Unserem lieben Vater

1

3

4 ▷

◁5

6

9

◁10 11

13

14 ▷

15

16

17
18

◁19 20

21

22 ▷

Bern: Geschichte und Gegenwart

Eine Stadt im Zeitenstrom

Bern wurde, zumindest nach seinen Chronisten, schon bei der Gründung durch den Herzog Berchtold von Zähringen, dazu erbaut, eine ruhige Achse in einer Zeit des chaotischen Übergangs zu sein.

Von der vorangegangenen Epoche des hochmittelalterlichen Burgund (888–1032), das von der Provence bis zum Rhein den Raum beherrschte, haben wir noch immer Sagen im Volk, fast wie vom verlorenen Paradies! Alles sei auf Erden gut gewesen, erzählen bis in die Gegenwart Bauern im Waadtland wie im Bernbiet, als die kluge Königin Bertha «durch ihre Länder ritt» . . . Die Verherrlichung mag an sich übertrieben sein – gerade in der Zeit dieses Reiches stießen nach einigermaßen zuverlässigen Quellen islamische Sarazenen und heidnische Ungarn bis ins Alpenland vor –, aber im Vergleich zum nachträglichen Wirrwarr waren jene Zustände in Berthas Hochmittelalter wohl zumindest einigermaßen eindeutig!

Bern sollte nun im Chaos nach dem Untergang dieses fast sagenhaften burgundischen Königtums ein fester Mittelpunkt werden, um den herum sich nach und nach eine neue Ordnung herauskristallisieren konnte. 1191 gegründet, erhielt die Stadt schon wenige Jahre darauf vom großen Kaiser Friedrich II. von Hohenstaufen die «Handveste», eine Sammlung von Freiheitsrechten, die so weit gingen wie kaum die einer andern vergleichbaren Stadt des deutsch-römischen Reiches.

Im Inhalt der so wichtigen Urkunde wird von Bern in Burgunden geredet. Schon wenige Jahrzehnte später sehen wir die Stadt sogar als ein wichtiges Glied einer burgundischen «Eidgenossenschaft», eines Bundes von allerlei kleinen Städten und Herrschaften der Westschweiz. Dies geschah noch vor der berühmten Eidgenossenschaft der drei Waldstätte auf dem Rütli – aber

zweifellos im Zuge der gleichen Entwicklung, die kleinere Gemeinschaften des Alpenraums sich gegen den Zugriff von äußeren Großmächten gegenseitig absichern ließ.
«Bern ist Burgundens Krone», so sangen im Sinn ihrer Gründer und ihrer Handveste die mittelalterlichen Berner, und sie fühlten sich tatsächlich als etwas wie die Erben und Rechtsnachfolger der märchenhaften Könige. Wenn wir nun etwas Gemeinsames von all den verschiedenen, in ihren Überlieferungen oft nur zeitlich und räumlich locker zusammenhängenden «burgundischen» Ländereien das ganze Mittelalter hindurch wissen, so ist es deren Versuch, in ihrer Kultur und ganzen politischen Stellung zwischen Römern und Germanen, später zwischen den romanisch-französischen und deutschen Reichen, einen Mittelweg zu gehen.
In Bern, offensichtlich fast von Anfang an in seinem Ratssaal und in den Gaststätten unter den schützenden Lauben – einem Ort der Begegnung der mächtigen Geschlechter von Ost und West, zwischen Aargau und Waadt –, lebte etwas von diesem Geist der Mitte fort: Eine eigenartige zweisprachige Bildung ist hier auf alle Fälle schon für das Mittelalter nachgewiesen. Zahllose Berner wurden dadurch befähigt, in der Jugend für ihre Studien an Universitäten oder Königshöfen den für sie angenehmsten Ort in einem großen Teil von Europa auszuwählen.
Der große Waadtländer Otto von Grandson, der häufig als der bedeutendste Dichter französischer Sprache im 14. Jahrhundert gilt, betrachtete sich als Berner. Thüring von Ringoltingen, der auch Schultheiß der Stadt gewesen war, beschäftigte sich wie andere seiner Mitbürger mit französisch-keltischer Überlieferung, und er schrieb 1475 das erste deutsche Buch über die Meerfee «Melusine», die in Westeuropa damals als geschichtliche Tatsache und als Ahnfrau von vielen Adelsgeschlechtern galt. Die märchenhafte Schlangenfrau wurde nun auch in Deutschland sehr volkstümlich, und die Erzählung des Berners drang bis in die Tage der Romantik in vielgelesene Volksbücher.

Kulturbrücke durch Jahrhunderte

Als gegen den Ausgang des Mittelalters hin der stolze Ritteradel, zumindest was das in seinen Kreisen meistens rare Bargeld anging, durch die aufstrebenden Wirtschaftskreise immer mehr gedemütigt wurde, entmachtete sogar der Anhang des Metzgermeisters Peter Kistler die Rittergeschlechter im Rat von Bern. Doch einige Jahre später bedrohten schon die

Söldnerarmeen Herzog Karls des Kühnen – der geichzeitig von der deutsch-römischen Kaiserkrone und der französischen Königskrone zu träumen versuchte –, die Mauern der Stadt: Auch den reichgewordenen Kaufleuten und Handwerkern blieb nur ein Ausweg – der noch vorher mit all seinen Anverwandten und Standesgenossen erniedrigte Ritter Adrian von Bubenberg wurde mit viel Höflichkeit und wohl auch Versprechungen zurückgeholt, und er hielt auch, im denkwürdigen Jahr 1476, vor den Mauern von Murten die Kriegsmaschinerie des Herzogs auf.

Bern konnte nun Luft schöpfen, und aus der ganzen übrigen Eidgenossenschaft eilten die verbündeten Heere zur ersehnten Hilfe. Karl der Kühne wurde, zum Erstaunen von ganz Europa, entscheidend geschlagen, und für die Stadt an der Aare begann, wenn man die Geschichte etwas vereinfacht zusammenfaßt, die äußerlich (fast) ruhige Entwicklung zu einer gut vier Jahrhunderte dauernden fast einzigartigen Vormachtstellung.

Der «gestürzte» Adel hatte sich im Kampf um die kleine Stadt Murten, damals der Schild von Bern, so unentbehrlich erwiesen, daß nun die erstaunliche Republik beim geistigen Streit der Parteien von da an beiden Seiten als gültiges Beispiel diente: Noch für die Anhänger der nahenden Revolutionsstürme des 18. bis 19. Jahrhunderts galt der gute Metzger Peter Kistler als erhabenes Beispiel, «wie man die Macht des Volkes aufrichtet». Umgekehrt verwiesen die Begründer der aristokratischen Geschlechterherrschaft stets auf die selbstlose Hilfe des zuerst bitter beleidigten Ritters Adrian von Bubenberg und die Tatsache, daß von da an und bis zum Untergang des alten Bern so ziemlich alle einigermaßen einflußreichen Stadtgeschlechter glücklich waren, wenn sie diesen Edelmann als Ahn in ihren Stammbäumen nachweisen konnten.

Die Zusammenarbeit und gelegentliche Verschmelzung der berühmten Handwerkergeschlechter des Mittelalters und des «burgundischen» Adels der Westschweiz erwies sich auf alle Fälle als einigermaßen segensreich. Nehmen auch die Religionskriege der Reformation und der Kampf zwischen Städtern und Bauern viele Seiten in den bernischen Geschichtsbüchern ein – mit den entsprechenden Vorgängen in anderen Gebieten von Europa verglichen, wirken sie hier verhältnismäßig harmlos: Auch in den Zeiten, in denen tatsächlich starke Wellen der Unzufriedenheit durch das Land gingen, staunten fremde Reisende über einen gewissen allgemeinen Wohlstand, wie er sogar in den «armen» Schichten der Berner Bevölkerung herrschte.

Nachkommen von Adeligen und Handwerkern saßen nun in den malerischen und in ihrer Gestaltung irgendwie zeitlosen Zunftstuben zusammen und versuchten, «möglichst ohne viel Lärm nach außen», sich über alle leidigen Fragen ihrer Regierungsgeschäfte zu einigen. Mochten auch die Schlagworte der puritanischen Eiferer viel vom Geist und vom Festbetrieb des Mittelalters aus den Mauern der Stadt vertrieben haben – Bern trotzte dem Zeitgeist fast erfolgreicher als den Heeren des kühnen Karl: Die lebendige Volkssage und etliche Aufzeichnungen aus dem 18. Jahrhundert erzählen, wie die «gestrengen» Herren aus dem Rathaus über die nahe und völlig ausgetretene Treppe in die an den Aareufern gelegenen «Bedli und Fräss-Beizli» eilten, um sich dort – schnell zwischen den Verhandlungen! – bei Wein, Weib und Gesang – über die aufklaffenden Gegensätze gütlich zu einigen.

Politik an Markttagen

Die Fähigkeit und auch häufig der bewußte Wunsch, Brücke zwischen den Kulturen zu sein, schon nachweisbar im burgundisch-bernischen Mittelalter, wurde weiterhin zum Schicksal der Stadt am Aarefluß. Erfahrung mit den Menschen der verschiedenen Landschaften, die oft von beiden Elternteilen ererbte Zweisprachigkeit ermöglichte in zahllosen europäischen Kriegen den Bernern, zwischen Frankreich und Deutschland als Diplomaten und Heerführer eine bedeutende Rolle zu spielen.
Nachkommen von mächtigen Geschlechtern der verschiedenen Täler zwischen den Ketten von Jura und Alpen brauchten Bern an Markttagen wie an den gemeinsamen Festen, deren Glanz noch immer im Volk sprichwörtlich ist, als gemeinsamen Mittelpunkt. Sie errichteten in der Stadt selber ihre Häuser, lebten aber in der Regel nur im Winter in ihnen und zogen in der warmen Jahreszeit auf ihre Landsitze. Ihnen folgte bei diesen Reisen ein guter Teil der mit ihnen verbundenen Handwerker, so daß Bern bis ins 19. Jahrhundert sein ländliches Gesicht bewahren konnte: Der Gegensatz zwischen Stadt und Land wurde dadurch dauernd überwunden. Die herrschenden Geschlechter von Bern fühlten sich mit der dörflichen Umgebung, in deren Mitte sie einen guten Teil des Jahres lebten, eng verbunden. Die Bauern dagegen waren stolz auf «ihre» Stadt, nach der sie sich Berner nannten und die sie für ihren Wohlstand in jeder Beziehung brauchten.
Auch diese Entwicklung, leicht nachweisbar vom ausgehenden Mittelalter bis zum 18. Jahrhundert, lebt in der Gegenwart fort: Es galt auch den vornehmsten Berner Geschlechtern nicht als entehrend, ihre kühlen Weinkeller an den Markttagen für das Volk aus der weiten Landschaft als kleine Gaststuben offenzuhalten. Die Damen der Patrizier ließen es sich oft nicht

nehmen, ihre Gäste selber zu bedienen. Die Herren zechten mit den Landleuten zusammen, und diese Verbindungen scheinen mehr zu einer gewissen Freundschaft zwischen der mächtigen Stadt und den Dörfern des weiten Umkreises beigetragen zu haben als die Kanonen auf ihren Mauern.
Im übrigen: Nie hätte es in den fünfziger und sechziger Jahren unseres Jahrhunderts in Bern eine solche Blüte von einheimischen «Künstler-Kellern» mit einem eigenständigen Kulturleben gegeben – wenn es nicht wie noch im 18. Jahrhundert im alten Teil der Stadt 200 (!) von solchen gastlichen Kellergewölben gegeben hätte! Wer zu den Hunderten von Menschen gehört, die in den Kellern der sechziger Jahre diskutierten, Theater spielten, moderne Troubadoure oder Bänkelsänger anhörten, Musik machten usw., erinnert sich nicht, Spuren von alten Jahreszahlen und Wappen in den Gewölben gesehen zu haben? Dinge, die dann nur zu oft nachträglich der Zweckbauerei weichen mußten...
Als sich die Heere der Französischen Revolution 1798 auf die konservative Republik zubewegten, fiel sie nicht etwa durch einen Aufstand der Landbevölkerung gegen die «Stadtherren», also durch sogenannte «Klassenkämpfe» – sondern vor allem durch die Unsicherheit und Zerstrittenheit der letzteren. Die Bauern und gerade das «einfache» Volk wollten für die alte Ordnung, die sie als überliefert und mit ihren Bräuchen verbunden ansahen, kämpfen und fühlten sich dann durch den schwachen Widerstand weitgehend verraten.
Doch als Folge der Niederlage Napoleons, der die Schweiz nach dem Vorbild von Frankreich zu einem einheitlichen Beamtenstaat zusammenzuschweißen versuchte, gab es – trotz unsicheren Versuchen – keine Rückkehr zum Alten: In einer Generation von Parteikämpfen zeigte aber Bern als Gesamtheit viel Willen zum Ausgleich und stieg zur Bundeshauptstadt empor. Dies teilweise nicht ohne Mißtrauen seitens vieler Altberner, für die der Dichter Jeremias Gotthelf ein umfassendes Beispiel abgeben mag, die fürchteten, eine Stadt der Zentralverwaltung werde rasch ihr angestammtes Eigenleben einbüßen.

Pilgerstätten der Gegenwart

In Bern greift die geschichtliche Vergangenheit noch immer in das Geschehen ein und gibt der Stadt etwas, was sonst an vielen Orten phantasielose Verkehrsplanungen vom Schreibtisch aus und die Weltmoden der Architektur den Ländern raubten – Eigenart und sogar Einzigartigkeit.

Die Nachkommen der sich mehrheitlich auf ihre Vorfahren im stürmischen Spätmittelalter des Adrian von Bubenberg zurückführenden Städter bilden eine «Burgergemeinde», eine Tatsache, die sogar noch immer in ihren amtlichen Papieren steht: Mögen diese 13 000 «Burger», wie sie sich nennen, nur etwa 9 Prozent unter den Stadtbürgern ausmachen, ihre Zuneigung zu den Bräuchen ihrer Herkunft geben Bern ein besonderes Gepräge.

In der Nähe des «Zeitglockens», des alten Turms, nach dem noch immer viele Berner ihre Uhr stellen, steht am Anfang der Straße, die zum alten Münster führt, das Bibliotheksgebäude, das aus einem mittelalterlichen Kloster erwuchs: Darin befindet sich die Stadt- und Universitätsbibliothek – und gleichzeitig die Bibliothek mit den Archiven der Burgergeschlechter. Unzählige Sagen konnte man noch während meiner Kindheit und Jugend unter den malerischen Lauben vernehmen, die uns zeigen, wie wach durch alle Jahrhunderte das geistige Leben im Herzen der Stadt war: Als ich 1950–1957 hier meine Ausbildung zum Bibliothekar erlebte, kamen damals an den gleichen Platz fortlaufend die feierlichen «Umzüge» von allerlei Gästen aus Rußland, der Mongolei und China, weil sie den Platz sehen wollten, an dem Wladimir Iljitsch Lenin, der Schöpfer ihrer Revolutionen, 1917 als Flüchtling gearbeitet und seine für die spätere Weltgeschichte so wichtigen Studien betrieben hatte.

Einige der östlichen Gäste staunten damals, als sie im ganzen Umkreis des ehrwürdigen Lesesaals der Bibliothek die Ahnenbilder mit all den aristokratischen Männern sahen, die für uns nicht nur als die Bewahrer der Stadt durch die langen Jahrhunderte, sondern auch als die eigentlichen Begründer der Büchereien und Archive selber gelten: «Man muß auf dem Photo diese Porträts etwas klein und undeutlich bringen», meinte einer der Russen nicht ganz ohne Ironie, während er offensichtlich Bilder für eine Arbeit über Lenin zusammenstellte, «sonst wirkt ein wichtiger Abschnitt der Geschichte der proletarischen Weltrevolution, Lenins Arbeitsplatz, etwas zu aristokratisch.»

Ich mußte diese Russen und Asiaten mehrfach noch an eine andere, für sie wichtige Pilgerstätte begleiten – ein Haus in der gleichen Gasse, an der die Stadtbibliothek liegt: Einige hundert Meter weiter, jenseits des Münsters und des Mosesbrunnens, findet sich die Junkerngasse, durch die man am schnellsten zum Graben kommt, in dem man noch immer lebendige Bären, Berns Wappentier, bewundern kann.

In diesem Hause an der Junkerngasse war Hegel, das philosophische Vorbild Lenins und der Urvater der meisten neueren Denksysteme bis Nietzsche oder Sartre, Hauslehrer bei der Familie der von Steiger während den wirren Jahren der Französischen Revolution (1793–1796). In jenen für ihn entscheidenden jungen Jahren konnte er offenbar hier in privaten oder öffentlichen Händen jene Werke und Quellen finden, die er gerade für seine Entwicklung brauchte: Im übrigen Europa des zunehmenden Ringens zwischen erstarrten Systemen wäre dies für ihn unendlich schwieriger gewesen...

Am gleichen Straßenzug, über der Gastwirtschaft «Unterer Juker», lebte ein anderer Mitgestalter unserer Gegenwart: der Physiker Albert Einstein. Auch er soll nach Zeitzeugen, die in ihren Erinnerungen über ihn zu berichten wissen, aus dieser Stadt den gleichen Nutzen gezogen haben wie viele andere Geister aus aller Welt vor und nach ihm.

Bern bewies zuletzt seine Aufgabe als friedliche und fast ruhige Kulturinsel, als nach dem Zusammenbruch von vielen überlieferten gesellschaftlichen Ordnungen, nach einer scheinbar unvermeidlichen Kette der Weltkriege und Revolutionen von 1914 bis 1945, in Europa eine tiefe Enttäuschung, eine «Nullpunkt-Situation» (so lautete ein Modewort), entstand. Damals erlebte man Bern fast als eine Oase, in der unzählige Flüchtlinge und Enttäuschte nochmals ihren Lebensstandort zu überdenken versuchten.

Wie gesagt, ich erlernte den Beruf eines Bibliothekars in der Mitte der Altstadt, und diese Arbeit war damals noch so unmechanisiert, daß mein Vorgesetzter mich geradezu aufforderte, «nicht nur in den Büchern zu studieren»: Während meiner Zeit der Ausbildung durfte ich darum für kurze Pausen täglich etwa dreimal (!) in eine der vielen Gastwirtschaften um unsere Archive eilen, und ich begegnete in den Gaststuben einer Unzahl der Flüchtlinge, Patrizier, Handwerker, auch Stadtzigeuner usw., die unermüdlich ihr Weltbild verfochten.

Der Wiener Dichter H. C. Artmann hielt sich 1951–1953 oft in Bern auf, und wir bewunderten zusammen dieses Volk in den Gastwirtschaften und unter den Lauben der Altstadt, das «zwischen dem Zeitglocken und dem Bärengraben» noch immer wie auf einem fernen Planeten hauste. Hier wurden in allerschönster Mundart Geschichten über Ritter, Hexen, Spuk und menschliche Leidenschaften erzählt, als hätte jedermann die vergangenen Jahrhunderte noch mit eigenen Augen erblickt.

Artmann glaubt in diesem damals noch so gut bewahrten Volksleben den Hinweis dafür gefunden zu haben, wie sehr man in der ursprünglichsten Volkssprache auch heute wieder dichten und denken könne: In Österreich wurde er dann bekanntlich zu einem der wichtigsten Vorkämpfer der modernen europäischen Mundartdichtung, und sein entsprechendes Wirken strahlte dann wieder in die Schweiz zurück.

Artmann und die Kreise der Berner Bohème waren natürlich nur Vorläufer. H. R. Hilty konnte dann 1961 in St. Gallen zusammenfassen: «Bern ist auch die einzige Schweizer Stadt, in der es seit Jahren lebendige Keller- und Kleinbühnen gibt... Auch im Bereich der Lyrik gibt es das andere Gesicht Berns. In keiner zweiten Stadt des deutschen Sprachgebiets haben junge Autoren derart lebendig Gelegenheit, sich dem Publikum zu stellen ...» Namen wären zu nennen, die damals ihre Aufgaben erfüllten, wie sie nach dem Schrecken der Kriege Hitlers und Stalins, nach all den militärischen Besetzungen und Krisen, kaum anderswo gewagt werden konnten. Einige sind heute vielgenannt, andere haben sich, enttäuscht über die Schwierigkeiten des Alltags, in die Vergessenheit zurückgezogen.

Aber «der große Künstler im Hintergrund» war eben, wie es schon 1952 Artmann ausdrückte, der schöpferische Geist einer großartigen Gemeinschaft, ein Geist, der sich in einer Unzahl von heute meistens längst verstorbenen Menschen ausdrückte, der jeden Gang durch «ihre» Stadt für Einheimische und Fremde zu einem tiefen Erlebnis werden ließ: Alle die Zecher, Witzbolde, Träumer, Bücherwürmer, Geschichtenerzähler, Phantasten, die damals Gastwirtschaften und Lauben lebendig machten, von denen jeder auf seine Art die Seele der alten Stadt sprechen ließ.

Harald Szeemann, der in den für die Stadt so wichtigen sechziger Jahren die Kunsthalle leitete, nannte damals (1964) auf die Frage nach deren erfreulichsten Erscheinungen, u. a. neben ihrer noch immer lebendigen Mundart, ihren zahllosen Gespenstergeschichten, Kellerbühnen – «ihre bekannten und unbekannten Spinner und Idealisten». Ganz ähnlich bezeugte Alfred Rasser, damals der bekannteste Kabarettist der Schweiz: «Der Berner hat sehr viel Farbe. Bern ist einer der wenigen Kantone, die noch einige Originale aufweisen können.»

Wenn das Abenteuer, der Jugend eine Welt weiterzuschenken, in der der Einzelne und seine Gemeinschaft wieder einen Weg zur selbständigen Entfaltung finden, die Aufgabe der Gegenwart und der nahen Zukunft ist, dann hat dazu nicht nur das geschichtliche, sondern auch das zeitgemäße Bern seinen Beitrag geleistet: An unzähligen Beispielen können wir von seiner Wirklichkeit erlernen, wie man sich zu behaupten und sich trotz allen Gegenmächten, selber zu finden und in seinem Lebenskreis zu verwirklichen vermag.

Sergius Golowin

25

26 ▷

◁ 27

28

Heinrich Thönen
Heinrich Thönen
Elektroinstallationen - Telefon A+B
Möbel-Ingold + co.
Polstermöbel

◁36

37

Restaurant
Pfauen

Bern und seine Landschaften

Wenn wir an einem dunstfreien Tag auf den Chasseral wandern, fahren oder uns mit der Sesselbahn hinauftragen lassen, genießen wir einen herrlichen Rundblick über das ganze Bernerland und im Osten, Westen und Norden weit darüber hinaus. Der Chasseral, mit 1607 m die höchste Erhebung im Berner Jura, liegt einige Kilometer nördlich des Bielersees und gehört zur vordersten Jurakette. Den Blick nach Südosten gerichtet, erkennen wir im Vordergrund das Plateau von Diesse, eine Hochebene oberhalb des Bielersees. Wie Walfischrücken ragen in südwest-nordöstlicher Richtung zahlreiche bewaldete Hügelzüge aus der großen Schwemmebene des Seelandes. Dahinter breiten sich die waldreichen Plateaus von Rapperswil und von Frienisberg aus. Ganz klein erkennen wir in südöstlicher Richtung den 100 m hohen Turm des Berner Münsters und können damit die Kantonshauptstadt lokalisieren. Diese gibt uns gleichzeitig die Grenze zwischen dem tieferen und dem höheren Mittelland an. Östlich von Bern blicken wir ins Gebiet des Emmentals, westlich ins Schwarzenburgerland. Dahinter erheben sich die markanten Gebirgsstöcke der Voralpen. Und über dem ganzen Mittelland leuchtet der weiße Hochalpenkranz vom Titlis bis zum Mont Blanc.

Nach Norden gerichtet erkennen wir im Vordergrund die eindrücklichen Faltenzüge des Kettenjura, und – über die jurassische Hochebene der Freiberge hinweg – die Gebirgsmassive der Vogesen und des Schwarzwaldes, die bereits jenseits der Landesgrenze liegen. Bern hat mit seiner Nord-Süd-Ausdehnung von 105 km, als einziger Kanton wesentlichen Anteil an allen drei Hauptregionen der Schweiz: Jura, Mittelland und Alpen.

Diese naturräumliche Vielfalt führte zu einer ebenso unterschiedlichen kulturräumlichen Entwicklung: im Jura sprechen die Leute mehrheitlich

französisch, die Stadt Biel ist zweisprachig, im übrigen Kanton wird deutsch gesprochen. Die berndeutschen Dialekte unterscheiden sich zum Teil aber so stark, daß sich nicht alle Berner auf Anhieb verständigen können.
Die landwirtschaftliche Nutzfläche dient im Mittelland vorwiegend dem Ackerbau, im Alpengebiet fast hauptsächlich der Graswirtschaft. Die Industrie siedelte sich vorwiegend in den Städten und größeren Siedlungen des Mittellandes und in den Juratälern an. Im Oberland dagegen entwickelten sich zahlreiche Orte zu Fremdenverkehrszentren. Und in den verschiedenen Regionen sind ganz unterschiedliche Traditionen und Bräuche überliefert.

Das Berner Oberland

Nirgends im Bernerland ist die Vielfalt auf engem Raum so groß wie im Oberland. Nur wenige Kilometer entfernt von den tiefgelegenen Talböden erheben sich Gipfel von über 4000 m Höhe; aus landwirtschaftlich ertragreichen Zonen gelangen wir in die Region des ewigen Eises.
Am Thunersee reifen die Weintrauben, und auf dem Jungfraujoch in 3579 m Höhe beträgt die mittlere Jahrestemperatur noch –8° Celsius. Das Relief setzte den Maßstab für die Entwicklung der menschlichen Tätigkeit – seit Jahrhunderten, heute und auch in Zukunft.

Von den Gesteinen läßt sich das Oberland zweiteilen. Im südöstlichen Teil – vom Gasterntal bis ins Sustengebiet – sind die kristallinen Gesteine des Aarmassivs sichtbar, die vor über 280 Mio. Jahren entstanden sind. Die spätere Überdeckung mit Meeresablagerungen ist in diesem Teil wieder abgetragen worden. Im ganzen übrigen Teil des Berner Oberlandes blieb die Sedimentdecke erhalten. Sie besteht vorwiegend aus Kalk, Mergel, Ton und Sandstein. Diese sind zudem weitgehend durch mächtige Decken und Klippen überlagert, die während der Alpenfaltung Dutzende von Kilometern nach Norden abgeglitten waren. Die bis zu 1000 m hohen, schroffen Kalkwände sind weit ins Mittelland hinaus sichtbar, der Abtragungsschutt innerhalb der Alpentäler dagegen führte zu einem sanfteren Relief mit weiten Berghängen, die seit Jahrhunderten herrliche Matten und Weiden tragen. Das weichere Material leistete aber dem Wasser weniger Widerstand, so daß die Bergbäche bei Unwettern tiefe Runsen und Gräben aufrissen und oftmals die Talböden verschütteten und überschwemmten.

Und da sich die feuchten Westwinde vor allem in den Nordalpen ausregnen, liegt die jährliche Niederschlagsmenge im Berner Oberland mit 1300 mm in den Tälern weit über dem mittelländischen Durchschnittswert. Entsprechend der außerordentlich starken Reliefgliederung sind auch die Wälder im Berner Oberland vielerorts, als Folge der Ausdehnung der landwirtschaftlichen Nutzflächen und des enormen Holzverbrauchs bis ins 19. Jahrhundert, kleinräumig auf die Runsen und Steilhänge zurückgedrängt. Besonders in den Alpen aber müssen die Wälder gegen Lawinen-, Steinschlag- und Überschwemmungsgefahr schützen.
Das Hochgebirge wird erst seit der Renaissance bewundert, vorher waren die hohen Fels- und Eisberge Orte des Grauens. Seit dem 18. Jahrhundert werden sie erforscht und von zahlreichen Dichtern, Malern und Komponisten dargestellt. Insbesondere «Die Alpen» von Albrecht von Haller, veröffentlicht im Jahre 1729, machte die Gebirgswelt berühmt.
Der Anblick des Staubbaches bei Lauterbrunnen regte Goethe am 9. Oktober 1779 zum «Gesang der Geister über den Wassern» an. Die Alphirtenfeste von Unspunnen 1805 und 1808 und die Erstbesteigung der Jungfrau nach weiteren drei Jahren haben das Berner Oberland in ganz Europa berühmt gemacht und dem Fremdenverkehr eine erste Blüte gebracht. Eine zweite Hochkonjunktur wurde durch den Ersten Weltkrieg jäh abgebrochen, und in den fünfziger Jahren setzte dann der Massentourismus ein, der zu einem der wichtigsten Wirtschaftsfaktoren im Berggebiet geworden ist.
Die bernische Staatspolitik hatte sich sehr früh dem Oberland zugewendet, vor allem mit der Absicht, Paßübergänge nach Italien zu besitzen. Mit der Eroberung der Waadt im Westen und des Aargaus im Osten im 15. Jahrhundert konnte aber der Verkehr über die wichtigsten Alpenpässe Großer Sankt Bernhard und Gotthard kontrolliert werden und die Übergänge im Berner Oberland wurden nicht ausgebaut.

Der Aare entlang

Am 4000 Meter hohen Massiv des Finsteraarhorns stürzt sich die Aare aus dem Gebiet des ewigen Eises über zahlreiche Felssprünge bis nach Innertkirchen hinunter. Nach verborgenem und geheimnisvollem Weg unter den Aaregletschern hervorgetreten, überwindet sie nun auf den ersten 30 Kilometern eine Höhendifferenz von rund 1700 Meter. Als alpiner Wildbach sprudelt und schießt sie ein letztes Mal zwischen den steilen Felswänden der Aareschlucht hindurch. Von Meiringen an strömt sie, von künstli-

chen Dämmen gebändigt, dem Brienzersee zu und lagert hier die mitgeführte tonnenschwere Last auf dem Seegrund ab.
In den vergangenen sechzig Jahren wurde der Oberlauf der Aare zur Gewinnung hydroelektrischer Energie ausgebaut wie kaum ein anderes Gewässer der Schweiz. So stürzt heute das Wasser, das in fünf Stauseen gefaßt wird, größtenteils unsichtbar durch Druckleitungen, statt durch das in Jahrtausenden geformte Bett des Wildbaches, dem Talgrund zu. Sichtbar sind dagegen die riesigen Staumauern, die Kraftwerkzentralen und die Hochspannungsleitungen. Wegen seiner geographischen und historischen Bedeutung fehlte das Aaretal in keiner Beschreibung der eidgenössischen Lande. Zum Ursprung der Aare machte bereits Thomas Schoepf in einem Kommentar zur Karte des Bernischen Staatsgebietes von 1577/78 eine interessante Feststellung: «Auf der westlichen Seite des Grimselpasses bricht aus zerklüfteten Flühen, eingefressen in den Fels, mit mächtigem Rauschen und Ungestüm ein Flüßchen hervor und sammelt sich in einer Grube wie in einem Becken; bisher wurde es von allen, sowohl Gelehrten wie Ungelehrten, für die Quelle der Aare gehalten, während doch ihre wirkliche Quelle von diesem Ort sieben Fußstunden und mehr entfernt ist.» Zum Haslital, wie der oberste Talabschnitt genannt wird, gehört aber vor allem auch der Föhn. Dieser warme trockene Fallwind vermag an einem einzigen Frühjahrstag bis zu einem halben Meter Schnee zu schmelzen und verursachte schon manche Brandkatastrophe. So verbrannten 1891 in Meiringen innert weniger Stunden 183 Häuser.
Der Grimselpaß (2165 m), die südliche Fortsetzung der Talstraße ins Oberwallis, wird seit dem Altertum benützt und diente bis zur Eröffnung des Gotthard-Eisenbahntunnels 1882 dem Saumverkehr. Nach Osten führt der Sustenpaß (2224 m) aus dem Haslital nach Wassen im Reußtal.

Am Brienzer- und Thunersee

Nach dem Abschmelzen des Aaregletschers in der Endphase der letzten Eiszeit hatte sich im Aaretal, vom heutigen Meiringen bis nach Uttigen unterhalb Thuns, ein 50 Kilometer langer See gebildet, der in seinem obersten Teil von der Aare und ihren Zuflüssen, im untersten von der Kander gespeist wurde. Die Deltas von Lütschine und Lombach vermochten sogar den See zu unterteilen, in den Brienzer- und den Thunersee. Die Auflandungsebenen wurden besiedelt, blieben vor Hochwasser jedoch nicht sicher.
Bis zum Bau der Eisenbahnlinien ging der Personen- und Warenverkehr

vorwiegend per Schiff über die beiden Seen. Da der Saumverkehr über den Grimsel-, den Lötschen- und den Gemmipaß sowie durch das Simmental für die damalige Zeit sehr intensiv war, herrschte im Thunerseegebiet Wohlstand. Dieser führte unter anderem zu einer hohen Dichte kunsthistorisch wertvoller Landkirchen.

Die ständigen Winde, das milde Klima und die abwechslungsreiche Uferkulisse machen vor allem den Thunersee zu einem außerordentlich beliebten Segelgewässer.

Bis zu Beginn unseres Jahrhunderts wurde der Fischfang auch in den Oberländer Seen fast ausschließlich zu Erwerbszwecken betrieben. Der Thunersee galt sogar als «Speisekammer der Stadt Bern». Fischgerichte fanden sich sowohl auf den Speisezetteln der ärmeren Familien wie auch auf den Festen der Reichen. Der wohl reichste Ertrag ist aus dem Jahre 1640 überliefert: An einem einzigen Tag wurden 16000 Fische gefangen!

Am unteren Thunersee-Ende überragen Schloß und Kirche von Thun eindrucksvoll die zähringische Stadt, die wie Bern und Burgdorf als hochmittelalterliche Plangründung angelegt ist.

Die Jungfrauregion

Die Lütschinentäler liegen im Übergangsbereich des kristallinen Aaremassivs im Süden zu den weicheren Sedimentgesteinen im Norden. Daraus ergibt sich von den berglandwirtschaftlich und touristisch sehr gut geeigneten flacheren Hängen eine prächtige Sicht auf Wetterhorn, Eiger, Mönch und Jungfrau und auf die beiden Grindelwaldgletscher, die im letzten Jahrhundert bis in den Talgrund hinunterreichten. Mit dem Staubbachfall zusammen gehörten sie zu den attraktivsten Naturphänomenen des Berner Oberlandes. Die Jungfrau, einer der schönsten Berge der Alpen und bereits von Interlaken her sichtbar, wurde 1811 erstmals bis zum Gipfel bestiegen. 1896–1912 wurde die Jungfraubahn gebaut, allerdings nur bis zum Jungfraujoch (3457 m) und nicht bis auf den Gipfel, wie ursprüngliche Projekte vorsahen. Es ist aber bis heute die höchstgelegene Eisenbahnstation Europas.

Das Frutigland

Das Frutigland reicht vom Kamm der Berner Alpen bis an den Thunersee. Das Kandertal endet an den mächtigen Kalkwänden der ursprünglichen

Sedimentdecke des Grundgebirges. Das Engstligental mit dem Hauptort Adelboden dagegen ist offen und sonnig. Seit Jahrhunderten ist Kandersteg Ausgangspunkt für die Alpenübergänge Gemmi und Lötschen. Beide spielten wahrscheinlich bereits bei der Besiedlung der Oberländer Täler eine Rolle und waren wichtig für den Saumverkehr ins Wallis. Sie wurden aber nicht ausgebaut, so daß es heute nur – oft begangene – Wanderwege sind. Durch den 1906–1913 gebauten, 14,6 km langen Lötschberg-Eisenbahntunnel werden heute pro Tag im Durchschnitt rund 10000 Tonnen Güter transportiert.

Durchs Simmental ins Saanenland

Das Simmental reicht von den milden Gestaden am Thunersee bis in die Eisregionen des Wildstrubels (3244 m) und des Wildhorns (3248 m). Das Tal wird durch den markanten Felsriegel der «Laubegg» unterhalb Zweisimmen in das Nieder- und Obersimmental getrennt. Der Eingang ins Tal wird durch das weithin sichtbare Schloß Wimmis bewacht.
Die weicheren Gesteine des Flyschs führten zu einem weiten, offenen Tal. Die sanften, gut durchsonnten Berghänge tragen noch heute ertragreiche Matten und Weiden. Seit spätestens dem 16. Jahrhundert werden Kühe und Stiere der Simmentaler Viehrasse weit über die Landesgrenzen verkauft und führten, neben den guten Einnahmen aus dem Saumverkehr, zu einem hohen Wohlstand im Tal. Dieser ist noch heute an zahlreichen prächtigen Bauernhäusern des 16. bis 18. Jahrhunderts ablesbar. Immer noch dominiert die Streusiedlung. Die ursprünglich nur kleinen Dienstleistungszentren um die Kirchen herum sind jedoch bis heute zu stattlichen Dörfern gewachsen, vor allem im Zusammenhang mit der Entwicklung des Fremdenverkehrs. Vielerorts sind sogar die Streusiedlungsgebiete durch den Bau von Ferienhäusern zu stark verdichtet worden.
Über die 1279 m hohen Saanenmöser gelangen wir ins Saanenland. Den gut ausgebauten Übergang empfinden wir jedoch kaum mehr als Paßstraße. Zudem fährt seit 1905 auch die «Montreux-Oberland-Bahn» vom Genfersee über Saanen–Gstaad bis nach Zweisimmen.
Über den offenen Talkessel von Saanen und Gstaad schrieb 1751 Johann Rudolf Gruner, Dekan zu Burgdorf: «Sanen ist eine schöne große volksreiche Landschaft zwischen hohen Bergen eingeschlossen und nirgends offen als gegen Norden, hat sehr viele und fruchtbare Alpen, daruff die besten Käsen der gantzen Schweitz gemacht werden, welche sich wegen Ihrer Härte und Dauerhafftigkeit viel Jahre lang behalten lassen . . . Die Leüte

bedienen sich der Teütschen Sprach, aber mit einem sonderbaren Dialecto und Mundart mit vielen eigenen Worten, die sonst nirgends gebreüchlich. Doch verstehen die Meisten auch die Französische Sprach, als an das welsche Land angrentzend oder doch wenigstens derselben Patois.»
Die ehemals stark begangenen Saumpfade aus dem Simmental über den Rawilpaß und aus dem Saanenland über den Sanetschpaß ins Wallis wurden zum Glück nicht zu Fahrstraßen ausgebaut. Es sind herrliche Wanderrouten. Von ganz besonderem Reiz sind zudem die Iffigenalp mit einem kleinen Bergsee und das Lauenental mit dem Lauenensee.

Das Mittelland

Das Berner Mittelland ist Teil der schweizerischen Hochebene zwischen Alpen und Juragebirge. Es ist seit rund 30 Mio. Jahren das Ablagerungsgebiet des Gesteinsschuttes, der während und nach der Alpenfaltung abgetragen wurde. Da das Mittelland meistens vom sogenannten Molassemeer überflutet war, wurden nur die gröberen Gesteine in Alpennähe abgelagert. Das feinere Material, die Sande und Tone, wurden weit nach Norden verfrachtet und mehr oder weniger in horizontalen Schichten abgelagert. Dieses Relief wurde in den vergangenen anderthalb Millionen Jahren durch die eiszeitlichen Gletscher überprägt. Nur die höheren Regionen des Emmentals und des Schwarzenburgerlandes blieben während der letzten Eiszeit unvergletschert und sind deshalb länger der Abtragungskraft des Wassers ausgesetzt.
Im Mittelland, insbesondere im Seeland und im Oberaargau, sind die weiträumigsten Landschaften des Kantons Bern. Dieses Gebiet wurde zuerst besiedelt und urbarisiert und ist auch heute die weitaus dichtest bevölkerte Zone. Auch das Straßen- und Eisenbahnnetz ist wesentlich dichter als im Oberland und im Jura. Der Wald, meist als halbnatürlicher Laubmischwald ausgebildet, wurde auf ein Viertel der ursprünglichen Fläche zurückgedrängt und findet sich vielerorts nur noch an den schattenseitigen Steilhängen.

Die Stadt Bern und ihre Umgebung

Vom Rosengarten aus, einem ehemaligen Friedhof oberhalb des östlichen Brückenkopfs der Altstadt Bern, blicken wir auf dieses einzigartige mittelalterliche Monument hinunter. Die Schönheit dieses Stadtbildes liegt in der Verbindung von geplanter Regelmäßigkeit und dem freien Spiel der Variationen. Die außerordentlich vielfältigen Einzelheiten, vom Fassadenelement bis zur Brunnenfigur, ordnen sich klar dem Ganzen unter. Einzig die Tortürme, die die Erweiterungsphasen der Stadt im 12. bis 14. Jahrhundert anzeigen, überragen die Dachlandschaft. Und über allem steht als klare Dominante das Münster.

Auf drei Seiten wird die Berner Altstadt auf ihrem Sporn aus Sandstein und Lockermaterial von der Aare umflossen, die im Raum Bern wahrscheinlich erstmals mit dem Bau der hölzernen Untertorbrücke Mitte 13. Jahrhundert überwunden wurde. Bereits im 15. Jahrhundert wurde diese durch die heute noch befahrene Steinbrücke ersetzt. Mitte des 19. Jahrhunderts baute man die Nydeggbrücke, die mit 46 m Weite bis 1890 den größten Steinbogen Europas aufwies. Mit dem Bau der Kirchenfeld- und der Kornhausbrücke als Hochbrücken in Eisengitterkonstruktion wurden gegen Ende des letzten Jahrhunderts die ausgedehnten Schotterebenen nördlich und südlich der Stadt als Erweiterungsgebiete erschlossen. Teils geplant, teils spontan, entstanden die typischen Quartierbauten der Hochkonjunktur um die Jahrhundertwende. Erst nach 1950 setzte dann die nächste markante Bauphase ein, in der die Wohnsiedlungen den Verkehrsachsen entlang, bis weit in den ehemals ländlichen Raum hinaus, wuchsen.

Mit der Wahl Berns als Bundeshauptstadt im Jahre 1848 setzte vorab der Bau des Parlamentsgebäudes ein, diesem folgten bis in die heutige Zeit noch zahlreiche weitere Verwaltungsgebäude. Für die rund 290000 Einwohner der Agglomeration stehen die großen Waldungen in unmittelbarer Stadtnähe als Naherholungsgebiete zur Verfügung: Im Norden der Bremgartenwald, im Osten der Bantiger mit seinem Aussichtsturm (947 m), im Süden der Gurten als Hausberg und der Ulmizberg und im Osten der ausgedehnte Forst.

Aaretal und Gürbetal zwischen Thun und Bern

Bis ins 18. Jahrhundert war die Aare unterhalb Thun bis zur Einmündung in den Rhein bei Koblenz der wichtigste Verkehrsweg der Schweiz. So wissen wir, daß noch in der zweiten Hälfte des Jahres 1825 insgesamt 623 Schiffe mit über 6000 Personen und rund 6000 Tonnen Waren von Thun nach Bern fuhren.

Im Aaretal führten vor allem die Seitenbäche immer wieder zu Überschwemmungen. Deshalb wurde der Flußlauf in den Jahren 1830 bis 1849

in der Schwemmebene zwischen Thun und Bern kanalisiert, so daß aber doch noch herrliche Auenwälder und wertvolle Feuchtgebiete erhalten werden konnten. Gleichzeitig wurde auch wertvolles Agrarland gewonnen, das aber in den letzten Jahrzehnten immer mehr von den Siedlungen und den Verkehrsachsen beansprucht wurde.
Die Gürbe entspringt hoch oben in der Stockhornkette und stürzt, als einst gefürchteter Wildbach, auf den ersten fünf Kilometern ihres Laufs über 1000 Meter in die Tiefe. Das Tal zwischen Belpberg und Längenberg wurde durch die mächtigen Schuttmassen dieses Wildbaches zu einem breiten, ebenen Sohlental aufgefüllt. Fast ohne Gefälle mäandrierte die Gürbe während Jahrhunderten von Blumenstein nach Belp, überschwemmte den Talboden nach jedem Gewitter, so daß ein ausgedehntes Flachmoor entstand. Die Siedlungen entstanden deshalb auf den seitlichen Terrassen, die Verkehrsachsen mieden das Tal ebenfalls, und auch landwirtschaftlich konnte die Ebene nur sehr extensiv genutzt werden. Die ersten Gürbekorrektionen wurden bereits zu Beginn des 18. Jahrhunderts begonnen. Die eigentliche Entsumpfung der Ebene war jedoch erst möglich, nachdem der Wildbach im Oberlauf gezähmt war. Für diese Arbeiten benötigte man aber die technischen Mittel des 19. und 20. Jahrhunderts.

Das Schwarzenburgerland

Das Schwarzenburgerland schließt westlich an das Gürbetal an. Im Süden reicht es bis auf die Höhen von Nünenen (2101 m), Gantrisch (2175 m) und Ochsen (2188 m), die mit ihren markanten Felsstöcken bereits zu den Voralpen gehören. Im Westen bildet die schluchtartig eingetiefte Sense die Grenze gegen den Kanton Freiburg. Im Gebiet von Oberbalm, dem nördlichsten Zipfel der Region, liegt das Molasseplateau noch auf rund 700 m. Wenn wir auf die Aussichtsplattform des Guggershörnli (1283 m) – rund 5 km südlich von Schwarzenburg – hinaufsteigen, erkennen wir deutlich die verkitteten Gerölle, die nach der Alpenfaltung als riesiger Schuttfächer nach Norden abgelagert wurden und die den geologischen Untergrund des Schwarzenburgerlandes bilden. Jahrtausendelange Abtragung formte ein feingegliedertes, abwechslungsreiches Relief, das erst spät gerodet und vorwiegend durch Einzelhöfe besiedelt wurde.
Bereits im Frühmittelalter dürfte allerdings eine wichtige Straßenverbindung von der Westschweiz durchs Schwarzenburgerland in den Raum Thun geführt haben. Die alte Herrschaft Grasburg mit ihrer Burg hoch über der Sense war deshalb von besonderer Bedeutung. Nach der Gründung der

zähringischen Städtelinie Burgdorf–Bern–Freiburg im 12. Jahrhundert, verlor die Herrschaft weitgehend ihre Bedeutung, wurde 1423 Gemeine Herrschaft der Stadtstaaten Bern und Freiburg und ging 1802 in den alleinigen Besitz Berns über.
Bis heute blieb das Schwarzenburgerland von der starken Bautätigkeit verschont. Wohl gerade deshalb ist diese Region, die die Grenze bildet zwischen deutscher und welscher Sprache, zwischen reformierter und katholischer Konfession, Übergangsraum vom Mittelland zu den Alpen, als Erholungsgebiet zur Sommers- und Winterszeit so geeignet und beliebt.

Die Region Laupen

Als der bernische Landvogt Zehender 1786 neu in das rund 15 km westlich der Stadt Bern gelegene Schloß Laupen einzog, schrieb dessen Gattin in einem Brief: «Die Gegend ist einsam und wild.» Sie stand unter dem Eindruck der damaligen Verkehrsabgeschiedenheit und der häufigen Überschwemmungen der Saane.
Die Landschaft ist beidseits der meliorierten Flußebene anmutig und abwechslungsreich: bewaldete Hügel wechseln mit sanft geneigten Wiesen und Äckern; vorwiegend landwirtschaftliche Hofgruppen und Dörfer ergeben das Siedlungsbild.
Seit dem Hochmittelalter war Laupen Herrschafts- und Wirtschaftszentrum der Region. Das Schloß ist im Kern einer der ältesten Profanbauten im Kanton Bern. Es dürfte ins 10. Jahrhundert zurückreichen und war bis 1032 hochburgundische Residenz. Nach einer wechselhaften Herrschaftszugehörigkeit kam Laupen 1324 durch Kauf an Bern. Das reizvolle Landstädtchen lehnt sich oberhalb der ehemaligen Hochwasserzone an den nordwestlichen Fuß des Burghügels. Die erste Ummauerung dürfte ins 12. Jahrhundert zurückgehen und ist, allerdings stark verändert, weitgehend noch ablesbar. Noch heute strahlt das Städtchen Geborgenheit und ländliche Bescheidenheit aus.

Das Emmental

Grüne Hügel, enge Gräben, prächtige Bauernhöfe und das stolze Schloß Burgdorf sind wichtigste Stichworte zur Region Emmental.
Das Einzugsgebiet der Emme war während der letzten Eiszeit weitgehend unvergletschert. Deshalb sind die leicht gewellten Tafeln aus Nagelfluh und

Sandstein seit rund 100000 Jahren der Abtragung ausgesetzt; es entstand ein feingegliedertes Relief mit zahlreichen tiefen Gräben, verzweigten Graten und Wasserscheiden, den sogenannten «Eggen». Der Rhonegletscher hatte einzig das untere Emmental bedeckt und damit das Schmelzwasser bei Burgdorf gestaut. Der dadurch entstandene See südlich von Burgdorf wurde durch die mächtigen Schuttmassen der Emme aufgefüllt, es entstand der bis zu zwei Kilometer breite ebene Talboden, der «Schachen». In diesem mäandrierte die Emme hin und her und überschwemmte bis ins 19. Jahrhundert hinein vielfach den ganzen Talgrund.

Die ältesten Siedlungen entstanden deshalb auf den hochwassergeschützten seitlichen Terrassen. Erst im 11. und 12. Jahrhundert wurden die waldigen Gebiete der Gräben und Eggen gerodet, meistens reichte der Platz nur für Einzelhöfe und Hofgruppen. Stolz blicken die mächtigen Hauptgebäude mit tief heruntergezogenem Walmdach auf die tiefer gelegenen Kirchdörfer hinunter. Vielfach bilden sie mit dem reizvollen Stöckli als Altenwohnsitz, dem Speicher und weiteren Kleingebäuden ausgezeichnet in die Landschaft eingepaßte Gruppenhöfe. Stolze Eigenständigkeit und bescheidene Unterordnung werden auf eindrückliche Weise sichtbar.

Die höchsten Regionen, über 1200 m gelegen, werden seit alters nur im Sommer alpwirtschaftlich genutzt, ursprünglich als Ergänzungsteil zur Talwirtschaft.

Als letzte Siedlungszone wurden seit dem 17. Jahrhundert die Schachen beidseits der Emme gerodet und urbarisiert. Es waren vorwiegend Tagelöhner, die in der überschwemmungsgefährdeten Talebene ihre kleinen Landwirtschaftsbetriebe ansiedelten. Heute führen auch die Hauptstraße und die Eisenbahnlinie durchs Tal, da der Fluß gebändigt ist.

Im Oberaargau

Der nordöstlichste Zipfel des Kantons Bern grenzt im Süden ans Napfbergland und im Norden reicht er bis auf die Höhe der vordersten Jurakette, von wo wir eine herrliche Aussicht über den ganzen Oberaargau, aber auch über weite Teile des luzernischen Mittellandes und des höheren Emmentals mit dem weißglänzenden Alpenkranz am Horizont genießen. Am Fuße des Juras liegt das Endmoränengebiet des letzteiszeitlichen Rhonegletschers vor uns: Moränen und zahllose Findlinge sind Zeugen davon. Auch der Inkwiler- und der Burgäschisee und zahlreiche kleine Moorgebiete sind Elemente der Gletscherlandschaft. Weite Schotterebenen wurden bereits während der letzten Eiszeit durch die Gletscherflüsse gebildet. Der südliche, höhere Oberaargau dagegen ist ein vorwiegend aus Mergeln und Sandsteinen bestehendes Plateau, das stufenweise bis zum Napf (1408 m) ansteigt.

Während wir im Schottergebiet geschlossene Dörfer mit ehemaligen Gewannfluren erkennen, dominieren im Plateau, das länger der Abtragung ausgesetzt und deshalb reich gegliedert ist, die Einzelhöfe mit geschlossener Wirtschaftsfläche. Nur kleine Dörfer in den Talfurchen bilden die ländlichen Dienstleistungszentren mit Schulhaus, Kirche, Käserei und Wirtshaus.

Die eigentlichen Zentren, Herzogenbuchsee und Langenthal, liegen an der alten Straßenverbindung Bern–Zürich, der entlang 1857 auch die Eisenbahnlinie gebaut wurde. Bereits in der Frühphase der Industrialisierung in der Schweiz war der Oberaargau zu einem Zentrum der Leinwandindustrie geworden. Einerseits standen aus der Kleinlandwirtschaft genügend Arbeitskräfte zur Verfügung, andererseits überließ das Berner Patriziat das «Verlagsgeschäft» bewußt den Landstädtchen und Marktorten. Später sind noch bedeutende Porzellan-, Maschinen- und andere Fabriken hinzugekommen.

Gesamthaft und von alters her ist der Oberaargau Grenzland und Durchgangsland und hat wohl gerade deshalb, mit seiner naturräumlichen Ausprägung zusammen, seine Eigenart bis heute bewahrt.

Das Seeland

Das markanteste Landschaftselement des Seelandes ist das Große Moos, das größte Flachmoor der Schweiz.

Als nach der letzten Eiszeit die mächtigen Eismassen des Rhonegletschers abgeschmolzen waren, staute sich hinter den Endmoränen im Oberaargau ein 120 km langer See westwärts bis über Orbe hinaus. Im Nordwesten bildeten die vordersten Juraketten ein Steilufer, im Südosten stiegen die mit Grundmoränen überdeckten Sandsteinhügel und -plateaus der Molasse sanft aus dem Wasser empor. In den folgenden Jahrtausenden wurden die Endmoränen teilweise durchbrochen, so daß sich der Seespiegel senkte. Die Alpen- und Juraflüsse schoben ihre Deltas weit in den See hinaus, teilweise bis ans jenseitige Ufer. So blieben schließlich nur noch Bieler-, Neuenburger- und Murtensee übrig. Vor allem die viel Geschiebe mitführende Aare mäandrierte in zahllosen Schleifen durch die weite Ebene und verbaute sich immer wieder ihren eigenen Weg. So floß sie zeitweise von

Aarberg in den Neuenburgersee oder aber ostwärts direkt nach Solothurn. Vom Chasseral aus oder auch nur von den Anhöhen bei Ins blicken wir heute südwärts über den größten Gemüsegarten der Schweiz – das Moos wird intensivst landwirtschaftlich genutzt.
Seit dem 14. Jahrhundert traten immer häufiger Überschwemmungen auf. Tierseuchen und Sumpffieber waren die Folge. Und gerade als die stark zunehmende Bevölkerung auf eine Ausdehnung des Ackerlandes angewiesen war, konnte das Moos nur als Weide und zur Heu- und Streuegewinnung genutzt werden. Die Armut und die Wassernot konnten erst durch das große Werk der Juragewässerkorrektion behoben werden: nach jahrzehntelangen Vorarbeiten floß am 16. August 1878 das Wasser der Aare erstmals durch den Hagneckkanal in den Bielersee. Durch die Vertiefung des Abflusses wurden die Seespiegel um rund zwei Meter abgesenkt. Dadurch erhielten die Bielerseeinseln eine Landverbindung nach Erlach. Die parallel zum Jura verlaufenden Molassehügelzüge, die einst nur als Inseln aus dem Wasser ragten, tragen heute weitgehend lichte Wälder.
Die traditionelle Weinbaulandschaft mit den alten Rebterrassen und den engen Winzerdörfern am Nordufer des Bielersees lassen wir am besten während einer Schiffahrt vorbeiziehen. Ausgangsort oder Ziel eines solchen Ausfluges kann die Stadt Biel mit einer der reizvollsten Altstadtanlagen der Schweiz sein. Biel, die Uhrenstadt, ist mit rund 54000 Einwohnern die zweitgrößte Stadt des Kantons.
Ganz besonders reizvoll sind auch die übrigen Landstädtchen Nidau, Büren, Aarberg, Erlach und La Neuveville – alle im 13. Jahrhundert erbaut –, ebenso das bereits jenseits der Kantonsgrenze liegende Le Landeron.
Im Süden gehören die abwechslungsreichen Plateaus von Frienisberg und von Rapperswil zum Seeland. Beide liegen abseits der großen Verkehrsachsen und weisen wohl zum Teil deshalb eine reiche traditionelle Kulturlandschaft auf.

Der Berner Jura:

Vom Chasseral bis an den Blauen

Der Jura ist eines der schönsten Faltengebirge der Erde. Fast lehrbuchhaft lösen sich Gebirgsketten und Täler ab, in Schluchten und Klusen kann die charakteristische Schichtung der Gesteine eingesehen werden.

Die Kalke, Mergel und Tone wurden bereits im Erdmittelalter abgelagert, meistens in ein flaches, warmes Schilfmeer. Zahllose gut erhaltene Versteinerungen von Meerestieren, Pflanzen und Korallenstöcken ermöglichen die Rekonstruktion der damaligen Verhältnisse und die zeitliche Zuordnung der einzelnen Schichten.
Der Chasseral, den wir wegen seiner prächtigen Aussicht bereits in der Einleitung erwähnt haben, ist auf seiner Rückseite tief aufgebrochen. Die sogenannte Combe-Grède ist eine der imposantesten Schluchten durch eine Jurakette. Auch die Flora ist außerordentlich reich in diesem Gebiet, unter anderem sind viele alpine Arten vertreten. Und schließlich leben eine Gems- und eine Murmeltierkolonie in den Felsen, Wäldern und Weiden. Die Combe-Grède wurde als Gebiet von nationaler Bedeutung unter Schutz gestellt.
Nördlich der Chasseralkette verläuft das Vallon de St. Imier. Die Siedlungen liegen aufgereiht der Talachse entlang. Ursprünglich wurde die am Chasseral charakteristische Zwischenstufe auf rund 1200 m ebenfalls vom Tal aus bewirtschaftet. Seit Anfang des letzten Jahrhunderts entstand dort eine selbständige Dauersiedlung mit Einzelhöfen. Dagegen wurde die Alpstufe auf dem Rücken der Juraketten bereits im Mittelalter an Gemeinden oder Patrizier des Mittellandes zu Lehen gegeben. Die Namen der Sennereien deuten noch heute darauf hin, und es sind größtenteils Kühe und Rinder aus dem Unterland, die dort oben gesömmert werden.
Vor allem in den Dörfern des St. Immertales fallen die zahlreichen größeren und kleineren Fabrikgebäude auf. Es sind in der Regel Uhrenindustriebetriebe. Seit der ersten Hälfte des 18. Jahrhunderts findet ein Großteil der Bevölkerung Zusatz- oder Hauptverdienst in der Uhrenindustrie, ursprünglich als Heimarbeiter, später in den Fabriken. Diese sehr einseitige Ausrichtung zwang in den vergangenen Rezessionsjahren viele Arbeiter, einen neuen Arbeitsplatz außerhalb des Tales zu suchen.
Die Schüss muß sich am Ende des St. Immertales durch die enge Klus bei Rondchâtel und die imposante Taubenlochschlucht zwängen, ehe sie dem Bielersee zufließen kann.
Nach Norden führt die Straße über den Pierre-Pertuis, einen bereits in römischer Zeit befahrenen Paßübergang. Jenseits beginnt bei der rauschenden Birsquelle das Vallée de Tavannes. Auch die Birs ist auf ihrem Weg nach Basel mehrmals gezwungen, in Klusen die Juraketten zu queren. Diese Flußabschnitte mit höherer Fließkraft wurden bereits vor Jahrhunderten als Industriestandorte ausgewählt. Für die Eisenindustrie und die Glasfabriken spielten aber nebst dem Vorkommen des Bohnerzes und der Glassande zudem die ausgedehnten Wälder eine wichtige Rolle, da außer-

Urtenen
Zeichnung von G. Leiser

ordentlich große Mengen Holzkohle benötigt wurden. Als Folgeindustrie der Uhrenherstellung entwickelten sich in Moutier vor allem Werkzeugmaschinenfabriken.
Das Becken von Moutier war bereits im 7. Jahrhundert von Mönchen aus Luxeuil für eine klösterliche Niederlassung ausgewählt worden.
Seit der Gründung des selbständigen Kantons Jura im Jahre 1978 verläßt die Birs unseren Kanton nördlich von Moutier und durchfließt erst 11 km weiter unten die bernische Exklave Laufental. Diese äußerste Region, nach Norden durch die Blauenkette abgeschlossen, hat sich erst kürzlich entschieden, auch weiterhin bernisch zu bleiben. Die Laufentaler sprechen im Gegensatz zur übrigen bernjurassischen Bevölkerung deutsch und entwickelten eine charakteristische Eigenständigkeit, die auch in Zukunft die bernische Vielfalt bereichert.

Hansruedi Egli

Ebéniste d'Art
P. Burkhardt
Restaurant Pfauen
La Julie

47

48

49

50

51

52

53

54

Berner Geist

Über bernischen Geist zu sprechen könnte Bedenken erwecken. Nicht nur weil der Berner nicht gerne über Geist, und gar über den eigenen, redet, sondern weil ihm Ungeistigkeit nachgesagt wird. Es muß wohl etwas dran sein, denn die bernische Volkssprache zeigt eine merkwürdig ungeistige Auffassung von Geist. Sie kennt das Wort fast nur in der sinnlich-animalischen Bedeutung. «Geist ha für öppis» sagt nicht mehr als: Lust, Antrieb zu etwas verspüren, und «öppis Geistigs» bedeutet, nicht nur andeutungsweise, sondern ganz direkt, etwas Alkoholhaltiges. «Geistreich» heißen im Berndeutschen höchstens etwa feurige Pferde und hitzige Jagdhunde (wie man bei Gotthelf lesen kann), und wenn einer «geistlich» gescholten wird, so will das sagen, daß er religiös verstiegen oder übergeschnappt ist. Geist im Sinn einer sprunghaft spielerischen Denkkraft und Wortgestaltung, eines überraschenden Gedankenspiels in bestechender Form ist eine seltene Eigenschaft beim Berner, und Geist im Sinn eines die Wirklichkeit überfliegenden, in Zukunftsträumen schwelgenden Denkens hat etwas Beängstigendes für ihn. Gegen Sturm und Drang und Schwärmerei stemmt sich sein innerstes Wesen. Da steht er

> mit festen, markigen Knochen
> auf der wohlgegründeten,
> dauernden Erde.

Er ist ein ausgezeichneter Bergsteiger, ihm schwindelt nicht, solange er Boden unter den Füßen hat. Aber zur Seiltänzerei ist sein Geist nicht gemacht. Sein Denken wie sein ganzes Wesen ist erdgebunden, bodenständig. Das Reingeistige, spekulative Philosophie vor allem, luftige Ideengebäude jeder Art beäugt er mit unverhohlenem Mißtrauen. Einem Haller konnte sogar seine eigene, gedankenschwere Dichtung gleichgültig, ja verdächtig werden. Er sprach mit herzloser Überlegenheit von diesen «Geburten seiner poetischen Krankheit», diesen «mühsamen Kleinigkeiten», diesen «unnötigen und unwichtigen Dingen». Dürfen wir uns dann wundern, wenn ein bernischer Landvogt den Herrn v. Voltaire fragte: «Pourquoi diable, monsieur, faites-vous tant de vers?» Das war banausisch, nach dem Nutzen gefragt. Die Frage konnte aber auch philosophisch gestellt werden: Warum täuschen uns die Dichter mit Lügen, da sie uns mit Wahrheit erbauen könnten? Und so hat auch der junge Haller gefragt. Schon zwei Jahre nach Veröffentlichung seiner Jugendgedichte ging er mit sich selbst ins Gericht. Es geschah in der kritischen Schrift «Über die Nachteiligkeit des Geistes» (1734).

«Beredsamkeit und Dichtkunst, heißt es da, ziehen vom richtigen Gebrauch der Vernunft ab, weil sie meist nicht völlig wahre Begriffe sich vorstellen, sondern solche, darin etwas über die Natur Erhöhtes, etwas daran Verändertes, etwas Ähnliches, aber Ungleiches ist. Solche heimlichen Lügen sind die Figuren..., in denen der Unterschied von der gemeinen Rede bestehet.» So konnte ein Dichter des vernunftgläubigen Zeitalters reden, der die Sprache des vernünftigen, begrifflichen Denkens über die des inneren Schauens stellte. Sub specie aeternitatis – wie Haller jedes Ding sah – ziemte es sich zu denken, nicht zu dichten. «Nos dum cives esse studemus, philosophi fieri negligimus», sagte er einmal. Wir aber, heißt das, im Bemühen Staatsbürger zu sein, versäumen es, Philosophen zu werden.

Aber was fragt so ein Berner Patrizier nach Philosophie!» Ich habe auch Philosophie getrieben», bemerkte der Venner Sinner zu Bonstetten... «A quoi cela m'a-t-il servi?»

Die Wissenschaften galten damals überhaupt nur etwas, sofern sie für den Einzelnen und den Staat von offenbarem Nutzen waren. Der Staub, der auf den Büchern der Stadtbibliothek lag, bezeugte es. Jakob v. Graviseth, der in seiner «Heutelia» darüber spottet – er durfte es wohl, als Schenker der wertvollen Bongarsischen Handschriften- und Büchersammlung –, bezeichnet die Studierten unter den Patriziern als weiße Raben. Unter den Ursachen der geistigen Stumpfheit dieser bevorzugten Klasse nennt er auch die Gastrolatie, die Schwelgerei an Gastmählern, welche dem Emporkommen der Ehrgeizigen dienten. Da ging es um nützlichere Dinge als bei Bongarsischen Schmökern. An der Zweckmäßigkeit der Zweckessen zweifelte keiner. Kein bernisches Buch im ausgehenden 17. Jahrhundert fand größeren Absatz als Daniel Rhagors «Pflanzgarten oder Bericht, wie der

Obst-, Kraut- und Weingarten wohl anzubauen seye». Die vierte Auflage von 1676 erschien mit vorgedruckten Preisgedichten auf den unsterblichen Verfasser. Solche Bücher von unbestreitbar praktischer Zweckmäßigkeit standen in der Sonne der landesväterlichen Gunst. Alles, was Geist atmete, Leben sprühte, alte Denkgewohnheiten aufwühlte, ans Gewissen griff, wurde verfolgt und gebrandmarkt. Was im 16. Jahrhundert noch möglich gewesen, die Zulassung von Niklaus Manuels verwegenen satirischen Fastnachtsspielen auf öffentlichem Platz, war im 17. und 18. Jahrhundert undenkbar. Man ermesse daraus die Kühnheit von Hallers satirischer Jugenddichtung und das Ärgernis, das sie in Bern erregte. Aber auch im freieren 16. Jahrhundert gibt sich die bernische Angst vor dem Geiste zu erkennen. Schon der Widerstand gegen die Einführung der Buchdruckerkunst ist bezeichnend. In Basel war man damit schon 1463 vorangegangen. Das kleine Burgdorf hatte seit 1475, Genf seit 1478 eine Buchdruckerei. In Bern wagte man den verhängnisvollen Schritt erst 1537, indem der Rat dem bairischen Buchdrucker Matthias Apiarius die Ausübung seines schwarzen Gewerbes erlaubte.

Angst vor dem Geiste betörte den bernischen Rat, wenn er 1669 die Lehre Descartes' verbot, 1675 den Thomas a Kempis in der Ausgabe Tschiffelis nur unter der Bedingung freigab, daß seine Irrtümer namhaft gemacht würden, und wenn er 1683 Spinozas «Réflexions curieuses» öffentlich durch den Henker verbrennen ließ. Angst vor dem Geiste führte zu der blutigen Verfolgung der Wiedertäufer im 16. und 17. Jahrhundert, zur Verbannung der edelsten Pietisten am Ende des 17., zur schweren Bestrafung der Unterzeichner jener Bittschrift von 1744, die in schicklichster Form eine Erweiterung des Wahlrechtes anregte. Welch fähige Köpfe, glänzende Begabungen, makellose Charaktere verlor Bern nicht durch die Engherzigkeit seiner religiösen und politischen Orthodoxie! Man denke an Beat Ludwig v. Muralt, Samuel Heinrich König, Samuel Lutz, Friedrich v. Wattenwyl, die ihren Glauben mit Verbannung büßten. «Ihr seid frei zu glauben, was ihr wollt», soll ein Mitglied der Synode ihnen zugerufen haben, «nur nicht im Kanton Bern!» Man denke an Samuel König, den Mathematiker, und seinen Freund Henzi, beide 1744 verbannt und gegen ihr Vaterland verbittert. Andere verließen freiwillig die Stadt, weil ihnen der Geist der Schwüle und Enge den Atem raubte. So Viktor v. Bonstetten, in dessen Briefen der Schatten Berns nach vielen Jahren noch wie ein Schreckgespenst herumgeistert. «Schrecklich war damals», schreibt er an Friedrike Brun, «meine Angst vor Bern. In Bern waren die Wissenschaften ohne Reiz, ja von vielen verachtet.» Und auch Philipp Albert Stapfer noch fühlt sich wie befreit, als er, der in Bern aufwachsende Jüngling, mit seinem

Vater eine Ferienreise ins Elsaß unternimmt. «Zum erstenmal atmete ich frisch und freudig auf», schreibt er, ... «weil ich mich wie erleichtert fühlte vom Druck eines sozialen Regiments, welches meine Seele immer betrübte und auf allen meinen Fähigkeiten und Geisteskräften lastete.»

Für Bern aber beleuchten diese Beispiele mehr als einen vorübergehenden Zeitgeist; sie beleuchten wesentliche Charaktereigenschaften. Sie besagen, daß der Berner mit zähen Organen an der Wirklichkeit der Erfahrung und Überlieferung festhält; daß er in der Behauptung und Verehrung des Hergebrachten und Bewährten eine sittliche Pflicht sieht und die Störung dieses pietätvollen Verhältnisses durch aufwühlende Gedanken als eine Gefährdung seiner Seelenruhe scheut und meidet.

Diese erwünschte Seelenruhe kann, wie in Hallers Gedichten, erstrebenswertes Ziel des Weisen sein und Bändigung von Lebensfülle bedeuten; sie kann aber auch Ideal der Bequemlichkeit sein und Eingeständnis von Lebensarmut. Zwischen diesen beiden Polen bewegt sich der bekannte bernische Gleichmut, die vorherrschende Seelenstimmung des Berners: bald heroische Gefaßtheit, bald gemütlich-behagliches Gehenlassen, bald stumpfes Phlegma.

Voraussetzung dieses Gleichmuts ist offenbar ein durch Phantasie ungetrübter Sachen- und Tatsachensinn, der dem Berner erlaubt, die Dinge weder vergrößert noch verschönert noch sonstwie übertrieben zu sehen, sondern so, «wie sie sind». Daher seine Befähigung zu einer auf erreichbare Ziele gerichteten Staatskunst; daher aber auch seine Unempfänglichkeit oder doch Unfruchtbarkeit in den Künsten der gefühlsmäßigen Tonsprache: der Musik und der reinen Lyrik; seine Abneigung gegen allen Überschwang der Empfindung und alle Schwärmerei der Einbildungskraft.

Wie sind die Berner so geworden? Ist es uraltes Vätererbe oder Frucht jahrhundertelanger Erziehung durch ihre Geschichte?

Fast möchte man das erste glauben, wenn man in den Liedern des 14. und 15. Jahrhunderts forscht – die schweigsamen Chronisten charakterisieren nicht –, in den Liedern vom Güminen- und Guglerkrieg, die den Berner Bär schon mit den wesentlichen Zügen seines cholerisch-phlegmatischen Geblütes schildern: gutmütig und friedsam, solange man ihn in Ruhe läßt, bequem, voll kluger Selbstbeherrschung und scheinbarer Gelassenheit, solange die Anfeindung erträglich ist, aber unbändig wild und gewalttätig, wenn das Maß voll ist. Einem Sänger aus der Reformationszeit ist das Porträt besonders gut gelungen:

Der bär hat die natur und art,
Daß er nit gâhet (sich beeilt) uf die fahrt,
Man tue in (ihn) denn vor (vorher) stüpfen.
Darum so rupf in nit zuviel,
In trüwen ich dir's raten wil,
Er tuet nit bald erklüpfen.

So könnte denn das geruhsame Wesen des Berners auf einer natürlichen Anlage seines Blutes beruhen, und diese Blutbeschaffenheit hätte ihm den Weg seiner geschichtlichen Aufgabe gewiesen. Aber ebenso gut und besser wohl läßt sich glauben, daß die geschichtliche Aufgabe, die dem Berner zufiel, die Eigenschaften der nüchternen Berechnung, des vorsichtigen Zuwartens, des tapferen Beharrens und unerbittlichen Behauptens in ihm ausgebildet habe. Das Zusammenwirken und Ineinandergreifen von Naturanlage und Geschichte, von Selbstbestimmung und Schicksalsbestimmung werden wir nie zu sondern vermögen.

Bern hat keine heitere Kindheit gehabt. Schon wenige Jahrzehnte nach der Gründung begann die strenge kriegerische Lebensschule, die ihm die verfrühten männlichen Züge einprägte. Nach dem Aussterben der Zähringer (1218) sah sich die kleine Stadt schon auf eigene Füße gestellt. Bis nah an ihre Tore reichte das Gebiet mächtiger Herrschergeschlechter: der Kyburger, Habsburger, Savoyer. Keinem war, trotz Bündnissen und Schutzverträgen, zu trauen. Und zwischen Bern und Freiburg und in der Waadt lagen die burgundischen Barone, die mit schelem Auge das Aufkommen der neuen Zähringerstadt bewachten. Langsam und sicher tastete Bern nach Stützpunkten für die Ausdehnung seines Gebietes. Durch Bündnisse, Burgrechte, Pfandverträge, durch Kauf und Eroberungen drang es ins Oberland, Seeland, Emmental vor, bald an Savoyen, bald an Österreich, bald an den Kaiser sich lehnend. Mit dem Landbesitz wuchs die Kriegsmacht. Das ganze Volk war auf Kampf eingestellt, einen Kampf gegen die Übermacht. Das schmiedete sie zusammen. Ums Jahr 1300 war erreicht, was seine Feinde zu verhindern gesucht: Bern stand an der Spitze einer burgundischen Eidgenossenschaft, es durfte sich «Burgunden Kron» nennen. Biel, Solothurn, Murten, Peterlingen, zeitweilig auch Freiburg waren seine Bundesgenossen. Bei Laupen, 1339, bestand es die Feuerprobe, an seiner Seite Solothurn, Hasli und die Waldstätte. Seine wahren Freunde hatte es nun erkannt. Darum schloß es 1345 ein ewiges Burgrecht mit Solothurn, 1353 einen ewigen Bund mit den Waldstätten. Die Früchte dieser Bundesgenossenschaft erntete es im Burgdorferkrieg von 1383, der die Macht Kyburgs brach und die der Eidgenossenschaft hob, Bern aber in den Besitz von Burgdorf und Thun brachte. Ruhe hatte es deshalb noch nicht. Das Jahrzehnt war bis zum Ende mit Kriegszügen ausgefüllt.

Doch wir wollen nicht die bernische Geschichte bis zum Ausgang des 15. Jahrhunderts wiederholen, bis zu der ruhmreichen Führerschaft Berns im Krieg gegen Burgund. Es ist wesentlich Kriegsgeschichte. Aber eben dadurch ist sie ausschlaggebend für den bernischen Charakter geworden. Drei Jahrhunderte lang war Bern auf Selbstbehauptung, Landerwerb, Kriegsbereitschaft, Machtentfaltung gerichtet. Der Staatsgedanke verschlang alle andern, der Staatswille spannte alle Kräfte an. Wehrhaftigkeit der Mannschaft, Äufnung der Staatsmittel, kriegerische Unternehmungen und Bundesschlüsse zur Befestigung des Erworbenen – all das erheischte und bildete den Wirklichkeitssinn, die Tatkraft, den Mut, die stählerne Beharrlichkeit, nicht den Spieltrieb und die Ausdruckskunst. In dem unablässigen Ringen um Besitz und Macht konnten die lieblichen Gefühle nicht gehegt und gepflegt werden. Oder wie Richard Feller es ausdrückt: «Die übergroßen politischen Aufgaben, die sich Bern zumutete, verzehrten die edelsten Kräfte. Geschäftsdrang oben, nüchterne Auffassung unten, ließen die Pflege der Güter nicht aufkommen, die das Leben schmücken und vertiefen.»

So bildete sich das männliche Ideal des Berners: der Kriegsheld und der Staatsmann, oder beide in einem vereinigt. Man kann es aus den Standbildern lesen, die, eine Schöpfung Robert Dorers von Baden, an der Front des alten Museums, der heutigen Kantonalbank, errichtet sind. Sie stellen acht große Berner vor. Da ist Adrian von Bubenberg, der Verteidiger von Murten, in der Verleugnung und Unterordnung seiner Person unter das gemeine Wohl der edelste seines Geschlechts und das größte Vorbild aller späteren Geschlechter; Hans von Hallwyl, der Anführer der Vorhut bei Murten; Thüring Fricker, der Chronist des Twingherrenstreits und geschätzter Unterhändler in diplomatischen Sendungen; Niklaus Manuel, der Künstler, Dichter und Staatsmann; Hans Franz Nägeli, der Befreier Genfs und Eroberer der Waadt; Samuel Frisching, der Sieger von Villmergen; Albrecht v. Haller, der große Gelehrte und Dichter; Niklaus Friedrich v. Steiger, der letzte Schultheiß des alten Bern.

Das ist der bernische «Heldensaal» nach der Auffassung des 19. Jahrhunderts. Es sind Verkörperungen der Berner Tugenden, wie Valerius Anshelm sie preist: «manheit, frumkeit, einmüetige ufrechtigkeit, bständige fürsichtikeit». Das ist sein Bern, die «trü, from, wîs, êrsam, lobrîch stat, fridsam, vürsichtig, schidlich, êrenrich». Nichts von den bestrickenden Eigenschaften einer ästhetischen Gesellschaftskultur, nicht Anmut, Witz, Schwung, Wohlredenheit und vornehme Gebärde, nichts Bestechendes und Bezauberndes, sondern die vernünftigen und harten Tugenden der griechischen Sophrosyne und der römischen Virtus.

Die Auswahl jener acht Großen ist bezeichnend durch das, was fehlt: Da ist kein Philosoph, kein Glaubensheld, kein Musiker, auch kein Dichter, der um der Dichtung willen allein den Kranz verdient hätte. Alle diese Männer, auch die Vertreter des schöpferischen Geistes, Manuel und Haller, haben mit Leidenschaft der Republik gedient oder doch eine Staatsbeamtung inne gehabt. Da mag der Grund liegen, warum keiner der großen Mathematiker Aufstellung gefunden hat. Vielleicht wäre auch Niklaus Manuel um die Ehre gekommen, wenn er sich nicht als Staatsmann ausgezeichnet hätte. An ihm läßt sich zuerst so recht deutlich die umbildende Gewalt des Bernergeistes wahrnehmen. Phantasiemensch von Haus und Künstler aus freiem Trieb, wird er vom kriegerischen Taumel zur Zeit der Mailänderzüge erfaßt, kämpft und plündert bei Novara, erlebt die gemeinsame Schmach an der Bicocca, wo den vom Jammer des nächtlichen Schlachtfeldes Überwältigten eine Sehnsucht nach Himmelsfrieden anwandelt. Rasch ist dieser fremde Tropfen aus seinem Blut gespült, und kaum zurück in Bern, stürzt er sich mit lachender Maske und scharfgewetzter Feder in den Kampf gegen Papst und Messe. Da stellt ihn der Staat in seinen Dienst, macht ihn zum Vermittler zwischen den streitenden Glaubensparteien, und siehe da: der alte Haudegen, ganz vom Ernst seiner staatsmännischen Aufgabe erfüllt, vertritt an Tagsatzungen und Konferenzen die Besonnenheit und Milde der damaligen bernischen Kirchenpolitik, darauf bedacht – mit Anshelm zu reden –, «wie der ze kalte Berner bär den ze hitzigen Zürcher löwen zum friden erküelen möchte».
Auch Bern hat seine Schwarm- und Rauschzeit, seine phantasievolle Zeit, wenn man so will, gehabt, damals, als es, vom Sieg über den Burgunder in seinem Selbstgefühl gehoben, vom Kaiser, Papst, stolzen Fürsten und Republiken umbuhlt, weil für unbesiegbar gehalten, sich mit Großmachtgelüsten in die Weltpolitik warf. Die Phantasterei ist ihm schlecht bekommen. Seinem Wesen und seiner Bestimmung untreu geworden, fiel es in die Schlingen der List und Bestechung. Schwer hat es den Abfall von seiner stolzen, ehrenhaften Freiheit gebüßt. Die goldenen Ketten der Kapitulationen und Pensionen vermochte es jahrhundertelang nicht abzuwerfen. 1798 war die Strafe.
Alle Einseitigkeit ist Stärke und Schwäche zugleich. Der einseitig kriegerische und staatsmännische Ehrgeiz des Berners ist der höheren Geistesentwicklung nachteilig gewesen. Die Vernachlässigung und Geringschätzung der Wissenschaften und Künste hat ohne Zweifel manches Talent erdrückt und erstickt, das anderswo, z. B. unter kunstliebenden Fürsten, wäre großgezogen worden. Sie hat aber auch die ehrgeizige Wichtigtuerei der Unberufenen, das Emporkommen der halben und eitlen Talente verhin-

dert und nur die Berufenen, Widerstandsfähigen aufkommen lassen. Kleine Geister verlieren den Mut und den Glauben in feindseliger nüchterner Umgebung; große finden ihn. Sie nehmen den Kampf auf und wachsen im Kampf zur Größe heran. Sie müssen aber eine unwiderstehliche Berufung in sich fühlen; die Stimme einer höheren Macht als sie selbst muß ihnen befehlen.
Hier, in diesen Großen, so scheint es, sammelt die Natur des Bernerbodens ihre langgesparten Kräfte, um einen ganzen Kerl hervorzubringen. So hat sie einen *Manuel*, einen *Haller*, einen *Jeremias Gotthelf*, einen *Ferdinand Hodler*, hervorgebracht. Jeder von ihnen tritt kampfgerüstet, angriffslustig auf den Plan. Sie fühlen den Widerstand ihrer Zeit. Ungerufen, unerwartet, unerwünscht sind sie da, ohne zu fragen, was beliebt und genehm ist. Sie gehen aus keiner Schule oder Richtung hervor.
Sie machen den Anfang mit etwas Neuem, das in ihnen steckt und das heraus muß. Sie haben Schöpferkraft. Manuel schafft das reformatorische Fastnachtsspiel, Haller schafft die Alpendichtung, Gotthelf den Bauernroman, Hodler das heroische Monumentalbild. Diese Schöpfer sind zugleich Schaffer von unermüdlichem Fleiß. Bei Gotthelf, den keine künstlerischen Skrupel aufhalten, überstürzt ein Werk das andere. Haller dagegen und Hodler können sich in Verbesserungen nicht genugtun, um die Vollendung jedes Werks in allen Teilen zu erreichen. Doch keiner erstrebt Gefälligkeit und Glätte. Wie der Berner in der Sprache das Deutsch-Herausreden mehr liebt als das Verblümt-Drumherumreden, die derbe Wahrheit mehr als die schöne Geste, so schätzen diese Dichter und Maler die festen, harten Umrisse höher als die verschwimmenden, die ungeschminkte Natur höher als den poetischen Schmelz.

In der Tat, vieles hat sich geändert in dieser Zeit, am meisten in den letzten zehn Jahren und am meisten in der Stadt. Der moderne Verkehr und die moderne Technik haben das Straßenbild verändert, wie es wohl in keinem andern Jahrzehnt seit der Gründung verändert worden ist. Die Straßenbahnen, Kraftwagen, Motorräder, das elektrische Licht, die in der Nacht taghell erleuchteten Auslagefenster, die Lichtreklame, die schreiende Reklame überhaupt, der gesteigerte Verkehr bei Nacht, die raschere Gangart, die modischere Kleidung der Leute, überhaupt mehr Licht, mehr Lärm, mehr Bewegung, keine Kinderspiele mehr auf den Straßen, kein oder fast kein Handwerksbetrieb vor den Häusern, keine idyllischen Familienszenen unter den Laubenbögen... Vieles hat sich entschieden verändert. Der bernische Geist ist beweglicher geworden, die Lebensform schmiegsamer, weltläufiger, der Geschmack vielseitiger, vielleicht feiner –

alles freilich auf Kosten der Originalität, der Charaktergröße. Das Weltgetriebe hat uns abgeschliffen, poliert. Wir gleichen jetzt den andern – noch sind wir nicht ganz wie die andern. Das danken wir dem zähen Bernergeist der Landbevölkerung. Denn Bern, die Stadt, ist auch heute noch nur als Mittelpunkt des Landes zu verstehen. Wie die Stadt einst das Land um sich her, die Republik Bern, geschaffen hat, so empfängt sie jetzt frische Lebenskraft durch den immerwährenden Zustrom vom Lande. Dort wurzelt der Bernergeist.

Das Land Bern erhält der Stadt ihre Eigenart. Es hat ihr jene Eigentümlichkeiten aufgeprägt, die noch heute dem Fremden als Merkmale ländlichen Hausbaus und Lebens auffallen: die laufenden Brunnen, die weit vorspringenden Hausdächer, die Ruhebänke vor den Häusern, die auf die Straße mündenden Kellerhälse, die Blumen auf den Fenstersimsen, da und dort die alte Gewohnheit der Handwerker, bei trockenem Wetter ihre Arbeiten vor der Werkstatt auf der Straße zu verrichten. Man muß Bern an den großen Markttagen sehen, wo das Land in die Stadt kommt, wo der Blumen- und Fruchtmarkt sich lustig und ungeniert vor den Palast unsrer Landesväter hinlagert, der Fleisch- und Hühnermarkt dem ehrwürdigen Münsterplatz Leben und Farbe gibt, die Metzger- und Käserstände die Zugänge zur Stadtbibliothek verbarrikadieren, während der Kleinviehmarkt mit Ziegen, Kälbern und quietschenden Schweinen den Unterricht am klassischen Gymnasium belebend unterbricht.

Aus der Gemeinschaft von Stadt und Land, aus der fortwährenden Erneuerung des verdünnten Städterblutes durch die ungebrochene Kraft vom Lande her erklärt sich so manche Eigenschaft des Stadtberners, die man bäurisch nennen mag und deren Ursprung in der rauheren, aber auch ehrlicheren Gesittung des Bauernstandes zu suchen ist. Bei allem angenommenen Schliff ist dem Berner etwas Naturwüchsiges geblieben, sei es Grobheit oder bloß Derbheit, ein echt bäurischer Widerwille gegen glatte Höflichkeit, liebenswürdige Redensarten, schöne, aber leere Phrasen, schwungvolle, aber verstiegene Begeisterung, gelehrt tönende, aber darum nicht scharfsinnigere Abstraktionen. Bern ist wohl die einzige Stadt deutscher Zunge, wo die ältere Anrede mit «Ihr» (statt des «Sie») noch nicht als Unhöflichkeit empfunden wird, während auf dem Lande die alte Vertraulichkeit des allgemeinen «Du» vielerorts verlorengegangen ist. Auch dem Städter, wenn er über Land geht, wird manchmal die Ehre dieser Anrede zuteil. Nicht jeder weiß sie zu würdigen. Wie denn überhaupt viel Herzliches und Tiefes im Gemüt, das sich auf Berndeutsch nur mittelbar und

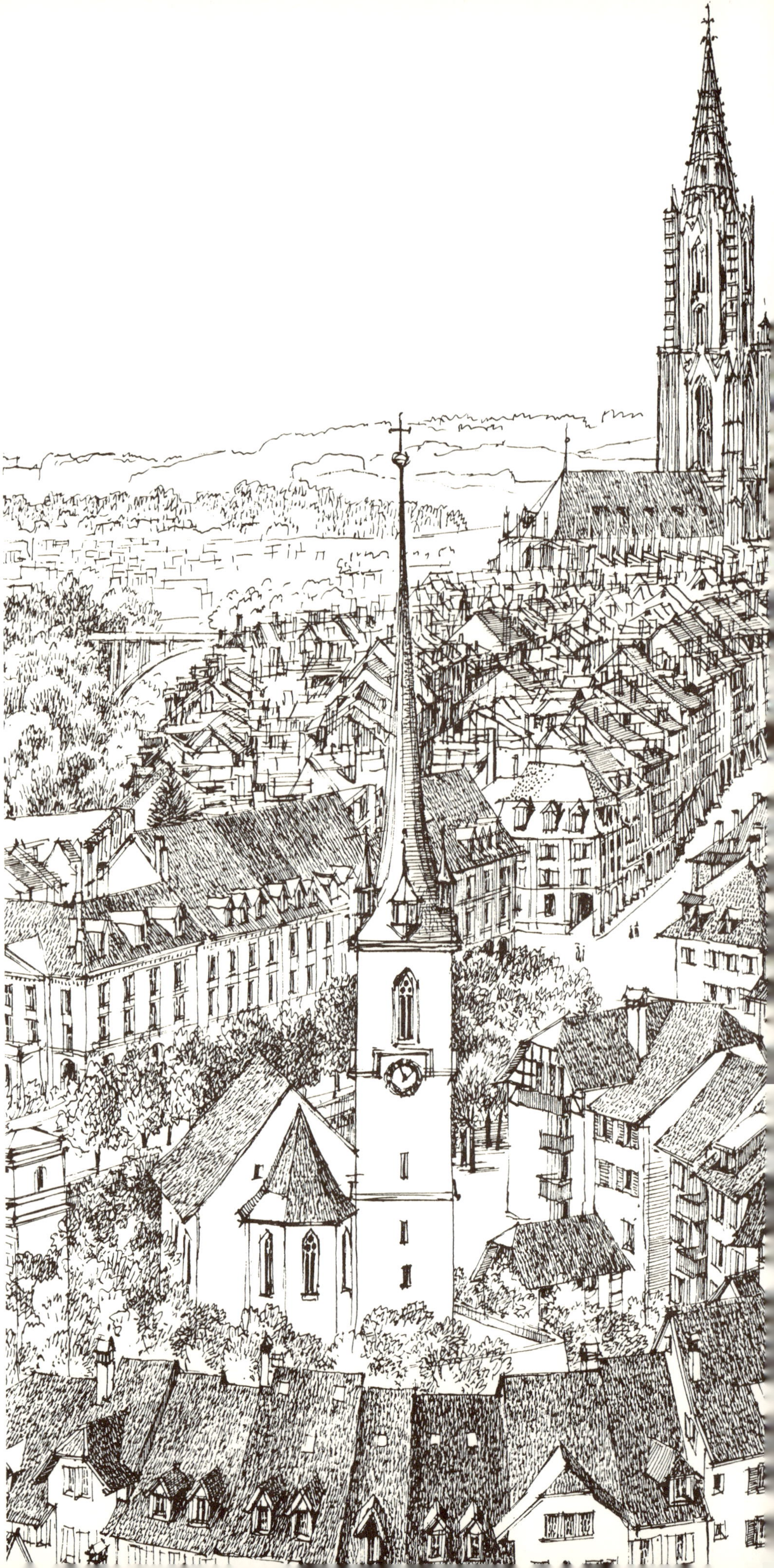

Bern vom Rosengarten
Zeichnung von G. Leiser

wortarm äußert, auch verkappt unter neckendem Witz oder unverständlichem Gebrumm, oberflächlichen Beobachtern verborgen bleibt. Deutlicher vielleicht als in der oft borstigen Sprache verrät sich das Gemüt des Berners in der Bauart des Bauernhauses, mit seinem gastlich traulichen Rundgiebel, dem mächtigen, allumfassenden Dach, den blanken, blumengeschmückten Fensterreihen, die das warme dunkle Holz der Außenwände so frisch beleben, in dem schützenden Beistand der hohen Pappeln, üppigen Linden und Kastanienbäume, in dem sorglich eingehegten und liebevoll gepflegten Blumengarten, in der Reinlichkeit und Ordnung ums Haus herum, ja nicht zuletzt in dem nie fehlenden Bänklein vor dem Hause, das die Bewohner am Feierabend und in der Sonntagsstille vereinigt. Dort ertönen auch heute noch Lieder aus dem Schatz urväterlicher Überlieferung, am liebsten im Dunkel der Nacht, ohne Absicht auf Beifall von Zuhörern.

Vom Land haben wir die alten Lieder, vom Land haben wir die alte Sprache, dieses kernige und gemütliche Berndeutsch, das bei aller Verschiedenheit der bernischen Landesteile in bezug auf Natur, Erwerbsart und Geblüt doch eine unverkennbare Einheit bildet. Ob einer aus dem Oberland, dem Emmental, dem Seeland, dem Sensebezirk, dem Oberaargau oder aus Bern selber stammt, immer weiß man aus seiner Sprache, daß er ein Berner ist. Denn *ein* Volksgeist, ein durch gemeinsame Geschichte zusammengewachsenes Volk hat diese Sprache geschaffen, die reichste von allen kantonalen Mundarten, noch heute nicht verarmt an formschöpferischer Zeugungskraft.

Otto von Greyerz

58 ▷

◁ 59

60

61

62 ▷

67

68 ▷

◁ 74

75

79

80 ▷

83

84

85 ▷

◁ 87

88

◁ 89

90

◁ 93

94

95

96 ▷

97

98 ▷

◁ 101

102

◁ 103 104

105

106 ▷

FELSENAU BIER